O Método Geométrico
em
Descartes e Spinoza

Emanuel Angelo da Rocha Fragoso

© Emanuel Angelo da Rocha Fragoso
ISBN: 9798668373635
2ª Edição: Julho de 2020

PUBLICAÇÃO/PUBLISHED BY
Emanuel Angelo da Rocha Fragoso

CAPA /GRAPHICS EDITOR
Gercina Isaura da Costa Bezerra

EDITORAÇÃO/DESKTOP PUBLISHING
Flora Bezerra da Rocha Fragoso

Emanuel Angelo da Rocha Fragoso
gt_spinoza@terra.com.br   rochafragoso@terra.com.br

Emanuel Angelo da Rocha Fragoso

O Método Geométrico em Descartes e Spinoza

2ª Edição

Prefácio
de
Ericka Marie Itokazu

Fortaleza
Edição do Autor
2020

CATALOGAÇÃO NA PUBLICAÇÃO ELABORADA PELA BIBLIOTECÁRIA
MEIRILANE SANTOS DE MORAIS - CRB - 3/785

F811m   Fragoso, Emanuel Angelo da Rocha
         O Método geométrico em Descartes e Spinoza [recurso eletrônico]/Emanuel Angelo da Rocha Fragoso. – Fortaleza, 2020.
         1 CD-ROM: 4 ¾ pol.
         Disponível em formato PDF.
         ISBN: 9798668373635

         1. Método geométrico 2. Descartes 3. Spinoza.
         I. Fragoso, Emanuel Angelo da Rocha II. Título.

                                            CDD: 100

Sumário

Prefácio..7

Introdução...15

Capítulo I: A Ordem e o Método Geométrico em Descartes

   1.1 O objetivo de Descartes..29
   1.2 O método e a ordem nos textos de Descartes.........32
      1.2.1 O método e a ordem nas *Regulæ*..................36
      1.2.2 O método e a ordem no *Discours*..................68
      1.2.3 O método e a ordem nas *Secondes Réponses*...72
   1.3 O fundamento do método..84
      1.3.1 A tese do modelo euclidiano.........................91
      1.3.2 A negação da tese do modelo euclidiano........92

Capítulo II: O Método Geométrico de Spinoza

   2.1 As origens do Método Geométrico...........................97
   2.2 O *Mos geometricus* e a *Ética*...............................117
      2.2.1 O método como um recurso literário..........118
      2.2.2 O método como necessidade do sistema.......126
   2.3 Spinoza e a "ordem geométrica"..............................128
      2.3.1 O Entendimento finito e infinito.................130
   2.4 O *Mos geometricus* e o TIE 134

Capitulo III: A Ordem e o Método Geométrico em Spinoza

   3.1 *Ordine Geometrico demonstrata*...........................144
      3.1.1 O *Præfatio* dos PPC....................................148
   3.2 A concepção deleuzeana de método para a *Ética*.....156

Referências Bibliográficas................................175

Prefácio

Muitos podem acreditar que a escrita sobre o método, principalmente o método geométrico, possa ter como exigência uma escrita em linha reta, tal como uma cadeia dedutiva ordenada, exposta em passos seguros e sempre precisamente mesurados, como quem trabalha com pontos alinhavados com precisão cirúrgica. Ou ainda, os mais apressados poderiam simplesmente considerar esta como uma questão de pouca controversa em que encontraríamos a concordância uníssona porque, afinal, tratar-se-ia tão somente de uma maneira de exposição e ordenação, tratando-se de algo com poucas consequências filosóficas. Ora, eis o véu que nos distancia da verdadeira compreensão sobre a questão do método nos seiscentos que é desfeito desde a abertura do livro de Emanuel Angelo da Rocha Fragoso.

Desvelamento, porém, não da verdade nela mesma, porque a verdade revelada ou desvelada não necessita de método para ser atingida, mas sim de um novo mundo desencantado entendido como um universo infinito cujo centro encontra-se em toda parte, um universo não hierárquico e cujo conhecimento não mais é sustentado por nenhuma autoridade externa ao próprio ato de conhecer, e que, portanto, exige uma nova maneira de aquisição e demonstração do verdadeiro, exposto de tal sorte que possa ser adquirido por todos os homens. Neste mundo desencantado, conhecer é uma questão humana que põe em xeque antigas verdades e propõe um caminho para o novo, exigindo ferramentas que os homens sejam capazes de autonomamente construir para que, ainda que imersos na finitude, possam pensar e conhecer o infinito: este é o fulcro da questão do método geométrico.

Dentre os filósofos do século XVII, é no ombro de dois gigantes que podemos ver ao longe por se apoderarem de tal ferramenta, Descartes e Spinoza, ponto de partida de tantos de seus comentadores escreveram sobre a questão do conhecimento. É sobre tal discussão que lança luz este livro, num trabalho em que se vê com clareza os anos de pesquisa e longa investigação sobre o tema. Contudo, com o acréscimo de algo bastante raro dentre os estudiosos dos seiscentos: Emanuel Fragoso não abre mão da precisão conceitual e da boa ordem, mas em vez da escrita solitariamente linear, ou ainda, em vez da precisão cirúrgica de quem lida com a reconstituição de um corpo sem vida, o autor preferiu algo que pode nos permitir mais que compreender especificamente a sua interpretação do sentido e do papel do método geométrico em Descartes e Spinoza com a peculiaridade de uma escrita que faz lembrar um estilo próprio ao trabalho que realiza, já há bastante tempo, no grupo de estudos sobre Spinoza na UNIVERSIDADE ESTADUAL DO CEARÁ - UECE, caracterizada por uma generosidade bastante singular...

Muito distante da escrita solipsista, a leitura de seu livro permite-nos sentir como se estivéssemos numa grande sala, comodamente instalados, em que conosco estão presentes os clássicos estudiosos de Spinoza e Descartes, cada um apresentando a sua descoberta e dialogando com os outros nas suas diferenças interpretativas. O autor não opta pela argumentação uníssona peculiar àqueles que apenas defendem a sua própria e única perspectiva, pelo contrário, o autor convida-nos a ouvir antes os seus célebres convidados, mostrar seus argumentos e leituras, e trazendo-os com

Prefácio

suas próprias vozes, uma polifonia de leituras se apresenta a nós, com todas as tonalidades e ênfases e ritmos de cada um destes grandes intérpretes. Uma generosidade de espaço e tempo somente concedida por aqueles com a virtude e capacidade de saber bem ouvir ao outro, o que permite compartilhar a sua própria descoberta sem os esquecer: esta é uma característica singular há muito presente no trabalho de Emanuel Fragoso e que aqui se incorpora na forma escrita.

Esta generosidade com os outros estudiosos tem como consequência uma segunda: a generosidade para com o leitor. E aqui estamos muito distantes do pedantismo dos que falam para si mesmos ou do didatismo dos que ignoram a capacidade do leitor. O trabalho do livro faz com que estejamos acompanhados não somente dos próprios filósofos estudados, mas também de Delbos, Alquié, Gueroult, Cottingham, Abreu, Akkerman, Brunschvicg, Deleuze... E nisto reconhece-se o exaustivo trabalho do autor em manter tantos escritos à mão para que nós, leitores, pudéssemos tê-los diante dos olhos para compartilhar do diálogo que com eles o autor estabelece. O interessante é que justamente a escolha desta estratégia permite, no prosseguir de cada capítulo, informar e formar um leitor, do iniciante ao douto, nas mais tradicionais escolas interpretativas de Descartes e Spinoza, mas justamente porque forma o leitor, e, sobretudo por isso, convida-o a participar deste debate, agora sem ingenuidade ou desconhecimento do campo problemático no qual se insere a perspectiva interpretativa do próprio autor.

Que o leitor não confunda a generosidade do autor com modéstia intelectual: seu modo de escrever e pensar são tecidos numa conversa entre iguais, em que acolhe, considera e pondera o que já foi escrito, propondo-se a refletir a partir do questionamento do consagrado na tradição sem desfazer-se dela, para, ao final, mostrar os caminhos que se abrem a partir de sua própria interpretação. Permite-nos, ou ainda, nos convida a entrar neste universo de grandes pensadores com os quais conversa, todos ali, sentados e presentes, e mantém todas as referências tal como se fossem pegadas e rastros deixados ao percorrer o seu próprio caminho. Assim, podemos segui-lo e, ao mesmo tempo, continuar coletando estes traços deixados com todo o cuidado, permitindo ao leitor construir ainda a autonomia para com eles também conversar, e alçar também um caminho próprio. Conceder espaço para outras interpretações e trazê-las em suas próprias vozes, ênfases e ritmos exige também que a posição do autor esteja fortemente presente, tal sorte que, ao instrumentalizar o leitor para este intenso debate, não somente forme novos interlocutores, mais ainda, convoca-os para abertura para outros tantos diálogos e debates que vão além do ponto final deste livro, agora, contudo, elevado num outro patamar.

    Assim, o livro segue um percurso que envolve desde a definição geral de método, segue pela exposição de sua especificidade geométrica adotada no século XVII, até a análise rigorosa das ocorrências do termo nas obras de Descartes e Spinoza. As grandes questões são introduzidas uma a uma: qual a relação do método geométrico filosófico e o euclidiano? Qual o seu papel na descoberta das verdades na filosofia cartesiana? Em que sentido podemos ser autorizados a falar de uma

Prefácio

herança cartesiana nos escritos de Spinoza? E percorrendo suas interrogações sobre heranças, diferenças, aproximações e distanciamentos... Pouco a pouco, a investigação sobre o método revela todo o seu fundo filosófico, permitindo ao leitor se apoderar de algo que aparentemente não estava lá, algo que é tão difícil de se apreender pela escrita em linha reta: entre Descartes e Spinoza tal diferença vai muito além da mera escolha metodológica, antes e sobretudo, Emanuel Fragoso nos faz compreender que é uma exigência subjacente à profunda distinção entre uma filosofia da transcendência e uma filosofia da imanência, e é por esta via que, de sua investigação, finalmente percebemos que desde o início não se tratava uma questão histórica ou descritiva, mas filosoficamente conceitual, mostrando-nos como o estudo sobre a geometria, o método e a ordem trazem em seu bojo a profunda relação entre o entendimento finito e o infinito. É por este caminho que outros tantos se abrem, em que podemos claramente agora compreender o sentido de pensar por que filósofos tais como Descartes e Spinoza puderam abandonar o campo escolástico e, com o método geométrico, construir fundamentos filosóficos e, no caso de Spinoza, ontológicos, para a autonomia do pensamento.

Ericka Marie Itokazu

Introdução

Com o desmoronamento do sistema Medieval, ruiu também o aceite incondicional da verdade obtida por meio do aparato explicativo silogístico/aristotélico característico da Filosofia Medieval, generalizando-se a crise de autoridade nos diversos setores do conhecimento humano. Na Filosofia, em particular, tal ruína pode ser evidenciada pelos crescentes questionamentos da autoridade escolástica e do conhecimento de base aristotélica, ocasionando no século XVI e início do século XVII, uma intensa busca por um novo método para se chegar à verdade, ao conhecimento verdadeiro ou indubitável.

O Método em geral

O termo "método" (do latim *methodus*), tem um significado etimológico de "necessidade" ou de "demanda". Por consequência, num sentido mais genérico, é definido como um modo de proceder, uma maneira de agir, um meio ou um caminho para se atingir um fim. Neste sentido, método não se distingue de investigação ou doutrina, podendo significar qualquer pesquisa ou orientação a ser seguida para um estudo. É a este significado que se referem expressões como método dialético ou método geométrico.

Num sentido mais específico, o termo "método" é definido como um programa, um roteiro, que regularia previamente uma série de operações, ou um conjunto de determinadas ações, que se deve realizar em vista de um resultado determinado. Neste sentido, mais restrito, método se refere a uma técnica particular de pesquisa, indicando um procedimento de investigação organizado, passível de ser repetido e de se corrigir, que garanta a obtenção de resultados válidos. É a este significado que se referem expressões como método silogístico ou método residual, e, em geral, as expressões que se referem a métodos que designam procedimentos específicos de investigação e/ou de verificação.

O método como "ordem"

Em sua obra, *La Logique ou L'Art de Penser*, Antoine Arnauld e Pierre Nicole relacionam método e entendimento humano, ao definirem aquele como uma ação específica deste último. Para estes autores, o método é uma ação do entendimento, ou uma *ordem* que a razão aplica sobre os conhecimentos dispersos de um determinado assunto, conhecimentos estes já existentes ou previamente adquiridos, visando ordená-los de forma mais adequada para a cognição do assunto determinado. Em suas palavras: "Chama-se aqui *ordenar* à ação da mente pela qual, tendo sobre um mesmo assunto, como sobre o corpo humano, diversas ideias, diversos juízos, diversos raciocínios, ele os dispõe da maneira mais própria para conhecer esse assunto. É o que também se chama **método**." (1992, *Introdução*, p. 30, grifo do autor). Neste sentido, a ordem será o caminho que se deve seguir para se chegar à verdade nas ciências, ou o conjunto ordenado de procedimentos que servem para descobrir o que se ignora ou para provar o que já se conhece. No dizer de Arnauld e Nicole: "Pode-se chamar em geral de método à arte de bem dispor uma série de muitos pensamentos, ou para descobrir a verdade quando a ignoramos, ou para a provar aos outros, quando nós já a conhecemos." (*Ibid.*, *Quarta Parte, Cap.* II, p. 281).

Introdução

Por um lado, esta ordem pode ser determinada *a priori*, e, independentemente de sua aplicação, ser formulada previamente, servindo de programa ou roteiro para as operações do entendimento, que só começariam depois da completa formulação das regras do método. Por outro lado, esta ordem pode não ter nenhum valor independente, por si própria, só podendo ser desenvolvida no decorrer do processo, ordenando os novos conhecimentos que vão surgindo e do qual ela não seria mais do que uma simplificação esquemática. De qualquer forma, a ordem como método, em geral, significa a ordem que se deve impor aos diferentes passos necessários para se chegar a um fim determinado.

No primeiro caso, a ordem se constituiria num objeto realmente distinto das suas aplicações. A ideia de método é sempre a de uma direção que se pode definir e é regularmente seguida numa operação do entendimento. Nesta acepção, o método constitui um objeto realmente distinto das suas aplicações e a direção regular seguida pelo entendimento pode ser definida independentemente de qualquer matéria.

No segundo caso, a ordem não teria uma existência autônoma, por si própria, fora das operações do entendimento, ela não seria mais do que uma abstração puramente verbal e a direção regular seguida pelo entendimento se refere à relação deste com um objeto determinado, ou seja, haveria uma especificidade do método.

Análise e síntese

Para os matemáticos e os lógicos do século XVII, assim como para os teólogos e filósofos, em geral, a diferença entre a análise e a síntese é exposta como a diferença entre dois métodos de ensino, que eram "[...] identificados, respectivamente, com a descoberta e a exposição." (FERREIRA, 1997, Nota 15, p. 329). Segundo Netter, na época de Descartes, "[...] o método seguido em Aritmética e Álgebra por um lado, e aquele, por outro lado, em Geometria, eram considerados pelos matemáticos como dois métodos radicalmente distintos." (1896, p. 7), sendo a análise e a síntese as operações da Aritmética e da Geometria, respectivamente. As definições de análise e síntese encontradas no livro *La Logique*, de Arnauld e Nicole, exemplificam adequadamente nossa afirmativa:

> Há duas espécies de métodos: um, para descobrir a verdade, que nós chamamos **análise** ou **método de resolução**, e que nós podemos também chamar **método de invenção**; e outro para explicá-la [a verdade] aos outros, quando a encontramos, que nós chamamos **síntese** ou **método de composição**, e que nós podemos também chamar *método de doutrina*. (1992, *Quarta Parte, Cap*. II, p. 281-282, grifo dos autores).

Neste mesmo texto, na sequência, os autores vão aprofundar um pouco mais esta definição inicial, escrevendo que "na análise, tanto como no método que chamamos de **composição**, deve-se passar sempre daquilo que é mais conhecido para aquilo que o é menos, visto que não há verdadeiro método que possa dispensar esta regra." (*Ibid.*, *Quarta Parte, Cap*. II, p. 286, grifo do autor). Referindo à síntese, eles acrescentam a seguir: "Este método consiste principalmente em começar pelas coisas mais gerais e mais simples, para passar para as menos gerais e mais compostas." (*Ibid.*, *Quarta Parte, Cap*. III, p. 288).

Introdução

Para Ferdinand Alquié, Descartes também considerava a análise e a síntese como dois métodos distintos. Efetivamente, Alquié vai afirmar em sua obra *Le Rationalisme de Spinoza* que Descartes "[...] não distingue duas ordens, mas dois **métodos**, que um e outro devem respeitar a ordem" (1991, p. 71, grifo nosso). Para fundamentar sua afirmativa, Alquié cita a passagem das *Réponses aux secondes objections* em que Descartes afirma consistir a ordem apenas "[...] em que as coisas que são propostas primeiro devem ser conhecidas sem a ajuda das seguintes, e que as seguintes devem ser dispostas de tal forma que elas sejam demonstradas unicamente pelas coisas que as precedem." (*Apud* ALQUIÉ, 1991, p. 71). E, a seguir, referindo-se à análise e à síntese, vai escrever: "o **método** de demonstrar é duplo: um se faz por análise ou resolução, e o outro pela síntese ou composição." (*Apud* ALQUIÉ, 1991, p. 71, grifo nosso)[1].

Pelos termos utilizados por Alquié em sua citação, poderíamos ser levados a concluir com este autor que Descartes realmente considera a análise e a síntese como dois métodos separados. Todavia, o termo "método" empregado por Alquié não está presente neste trecho da tradução francesa de Clerselier; donde, não foi a partir desta tradução que o termo foi adotado. Muito provavelmente este termo originou-se na tradução do próprio Alquié para esta passagem, a partir do original em latim das *Meditationes de Prima*

---

[1] Conforme originalmente no texto de Ferdinand Alquié: "[...] *la méthode de démontrer est double: l'une se fait par l'analyse ou résolution, et l'autre par la synthèse ou composition.*". Alquié cita como referência: AT-IX, p. 121 e Alquié-Garnier, II, p. 581-582.

Philosophia ². Mas esta tradução, por si só, não nos parece suficiente para a conclusão a que chega Alquié, pois na tradução da referida passagem é possível a utilização tanto do termo "método" (utilizado por Alquié), quanto do termo "maneira" (utilizado por Clerselier na sua tradução). A interpretação à letra do texto da tradução francesa de 1647, acrescida do fato de que esta tradução foi a única "[...] vista por Descartes, e aceita e aprovada por ele." (AT-IX-1, *Avertissement*, p. IX)[3] e, a acreditarmos no livreiro responsável pela publicação desta edição, foi também a única a ser complementada com alguns esclarecimentos do autor acerca dos "[...] seus próprios pensamento." (AT-IX-1, *Le Libraire au Lecteur*, p. 2)[4], parece-nos suficiente para negar, ou, ao menos, para pôr em dúvida a conclusão de Alquié. Por conseguinte, entre o termo "método", empregado por Alquié, e o termo "maneira", empregado por Clerselier, este último afigura-se-nos como o mais adequado, pela insuficiência de razões apresentadas por Alquié, acrescida do fato de que é muito pouco provável que Descartes negligenciasse na tradução de sua obra ponto tão significativo.

Ao contrário de Alquié, e considerando literalmente o texto das *Secondes Réponses* da tradução francesa de 1647, na qual Descartes escreve: "Na forma de escrever dos Geômetras, eu distingo duas coisas, a

---

[2] Texto original: *"Demonstrandi autem ratio duplex est, alia scilicet per analysim, alia per synthesim."* (AT-VII, *Segundæ Responsiones*, p. 155).

[3] Conforme citado por Adam-Tannery: "[...] *été vue par Descartes, et acceptée et agréée par lui.*" (AT-IX-1, *Avertissement*, p. IX).

[4] Conforme o original: "[...] *reservé à l'Auteur le droit de revue e de correction. Il en a usé, mais pour se corriger plutôt qu'eux, et pour éclaircir seulement ses propres pensées.* [...]" (AT-IX-1, *Le Libraire au Lecteur*, p. 2).

Introdução

saber, a ordem e a maneira de demonstrar." (AT-IX-1, *Secondes Réponses*, p. 121)[5], consideramos perfeitamente adequado afirmar que para Descartes a distinção entre a análise e a síntese não é uma distinção entre dois métodos (como é para seus contemporâneos), e sim uma distinção entre dois processos diferentes de demonstração, ou melhor, entre duas ordens demonstrativas possíveis num mesmo método: o método geométrico.

Descartes e a análise

Descartes vai tomar como ponto de partida em sua obra maior, as *Méditations Metaphysiques*, o conhecimento de um efeito que vai sendo metodicamente desenvolvido e ampliado até atingir o conhecimento de sua causa. Este movimento do efeito em direção a sua causa é duplo: vai da dúvida, enquanto ato do pensamento, a sua causa (o sujeito que tem os atos do pensamento); e vai deste sujeito, enquanto efeito, a sua causa: Deus. O primeiro, enquanto movimento interno ao pensamento, corresponde a um solipsismo; o segundo, enquanto movimento externo ao entendimento, em direção a Deus, corresponde à saída deste solipsismo.

O movimento solipsista, ou o primeiro movimento do efeito à causa, ocorre em dois momentos distintos, sendo ambos perpassados pela dúvida. No primeiro momento, o conhecimento do qual parte o cartesianismo é expresso pela dúvida, enquanto ato do pensamento de um sujeito do qual inicialmente só se pode afirmar, de forma confusa, que é o autor do próprio ato de pensar,

---

[5] Conforme o original: *"Dans la façon d'écrire de Geometres, je distingue deux choses, à sçavoir l'ordre, & la maniere de démontrer."* (AT-IX-1, *Secondes Réponses*, p. 121).

ou a causa da dúvida. Este é o tema da Primeira Meditação (AT-IX-1, *Méditations, Première,* p. 13). No segundo momento, esta mesma dúvida, agora enquanto método, tem a finalidade de nos libertar "[...] de toda sorte de prejuízos e nos prepara um caminho muito fácil para acostumar nosso espírito [*esprit*] a desligar-se dos sentidos, [...]" (AT-IX-1, *Méditations, Abregé,* p. 9), visando desenvolver até à radicalização este conhecimento inicial, ainda confuso, possibilitando assim extrair a primeira verdade (ainda que temporária), o primeiro conhecimento claro e distinto do sistema, aquele que vai inaugurar a longa cadeia de razões do cartesianismo, o *cogito*: "Eu sou, eu existo" (AT-IX-1, *Méditations, Seconde,* p. 18). Entretanto, o *cogito*, por ser um efeito, não é a verdade mais importante do sistema cartesiano; ele é apenas a primeira. A verdade mais importante do cartesianismo, aquela que vai ser o suporte da teoria do conhecimento de Descartes, por ser causa, é a ideia de Deus. Mas, mesmo sendo causa primeira, ela só será desenvolvida na Terceira Meditação (AT-IX-1, *Méditations, Troisième,* p. 27); é o segundo movimento do efeito (o *cogito*) em direção a sua causa (Deus), é o movimento de saída do solipsismo cartesiano.

Esta ordem de entrada ou disposição dos temas tratados nas *Méditations* é determinada, de forma geral, pela ordem geométrica, e de forma mais específica, pela ordem analítica. É determinada pela ordem geométrica, enquanto dispõe "[...] que as coisas que são propostas primeiro devem ser conhecidas sem a ajuda das seguintes, e que as seguintes devem ser dispostas de tal forma que elas sejam demonstradas unicamente pelas coisas que as

INTRODUÇÃO

precedem [...]" (AT-IX-1, *Secondes Réponses*, p. 121), numa ordenação das razões, cuja direção dirige-se unicamente para a compreensão das próprias razões, conforme elas vão sendo ordenadas pelo entendimento. É determinada pela ordem analítica, pela via da análise, enquanto dispõe o efeito e somente depois, a causa, conforme aos preceitos do procedimento analítico: examinam-se antes os efeitos para depois examinar-se as causas; ou melhor, a ordem é rigorosa: parte-se do conhecimento dos efeitos, em direção ao conhecimento das causas. O contrário, em termos direcionais desta ordem analítica seria a ordem sintética: parte-se do conhecimento das causas, em direção ao conhecimento dos efeitos. É justamente esta que será utilizada por Benedictus de Spinoza em sua obra maior, a *Ética*.

SPINOZA E A SÍNTESE[6]

Não obstante as considerações cartesianas, Spinoza escreve a *Ética* numa ordem geométrica e com as matérias dispostas na ordem sintética.

Como tentaremos demonstrar, esta não é uma mera opção ou um simples discordar das objeções de Descartes quanto à disposição sintética. Nesta disposição spinozista sintética, ou na opção de Spinoza pela síntese, estão implícitos algumas importantes distinções existentes entre os dois sistemas. Dentre elas, podemos citar a dualidade substancial de Descartes e a substância única em Spinoza, o Deus transcendente cartesiano e o Deus

---

[6] Veremos com mais detalhes este tema, no Capítulo II (infra), ao tratarmos do método geométrico em Spinoza.

imanente spinozista, com suas respectivas consequências, as concepções do entendimento finito e do entendimento infinito em Descartes e em Spinoza[7].

Em última instância, são estas distinções que irão determinar oa opção pela análise ou pela síntese.

---

[7] Veremos este tema mais detidamente quando tratarmos do *Entendimento*. (Cf. *Infra*, Cap. II, 2.3.1 O ENTENDIMENTO FINITO E INFINITO).

Capítulo I:
A Ordem e o Método Geométrico em Descartes

Victor Delbos, em sua obra intitulada *Le Problème Moral dans la Philosophie de Spinoza et dans l'Histoire du Spinozisme*, afirma com convicção que "É a Descartes que Spinoza empresta seu método." (1988, p. 22). Ainda que bastante controversa, não obstante a convicção demonstrada por Delbos, a questão da origem, bem como da semelhança do método utilizado por Spinoza com o método utilizado por Descartes em seus primeiros escritos, nos parece bastante relevante. Todavia, se o método de Descartes é ou não o ponto de partida do método spinozista, ou se é o único ponto de partida, não é para nós a questão principal; julgamos mais importante estudar o grau e a semelhança dessa influência cartesiana na obra de Spinoza, pois não há dúvida de que este foi influenciado por aquele. Sem nenhuma pretensão de esgotarmos o assunto, pois tal tarefa seria de grande vulto (quiçá impossível), visamos analisar em separado, dentro de nossa perspectiva temática, cada possível incidência cartesiana significativa na obra de Spinoza. Por conseguinte, em nosso estudo do método em Spinoza não podemos prescindir do estudo do método, ou mais apropriadamente, do estudo da ordem nos textos cartesianos.

1.1 O objetivo de Descartes

Por volta de 1628, ao redigir as *Regulæ ad directionem ingenii*, Descartes introduz o termo latino *scientia*[1] para

---

[1] Este termo vem do Latim vulgar, da palavra *scire*, que significa "conhecer". No entanto, para Cottingham, ele "[...] também tem conotações que se aproximam do projeto cartesiano de obtenção de uma **ciência** unificada, englobando todos os objetos da cognição humana [...]" (1995, p. 40, grifo do autor).

indicar o tipo de conhecimento que busca: "Toda ciência é conhecimento [*cognitio*] certo e evidente;" (AT-X, *Regula* II, p. 362). Essa *scientia*, entretanto, não é o conhecimento filosófico da escolástica, tido como certo e até então o único ensinado em todas as universidades, baseado na antiga lógica dedutiva de Aristóteles, a lógica da classificação, do conceito e do finito. É a postulação inicial do projeto cartesiano de reforma do conhecimento pelos seus fundamentos, baseado numa nova lógica, intuitiva, lógica da relação e do juízo que se fundamenta na primazia intelectual do infinito.

Esta nova perspectiva cartesiana vai incorporar a exigência de uma indubitabilidade completa, ao afirmar que se deve rejeitar os "conhecimentos apenas prováveis" e "confiar apenas nas coisas perfeitamente conhecidas e das quais não se pode duvidar" (AT-X, *Regula* II, p. 362), pois, "sempre que duas pessoas têm sobre a mesma coisa juízos contrários, decerto que pelo menos uma ou outra se engana, e nenhuma delas parece mesmo ter ciência; porque, se as razões de uma fossem certas e evidentes, poderia expô-las à outra de modo a finalmente convencer o seu entendimento." (*Ibid.*, p. 363). Donde, os eruditos, para demonstrar suas teses em suas discussões acadêmicas, reuniam um número de autoridades textuais que as sustentassem, e, os escolásticos, com sua "máquina de silogismos prováveis, perfeitamente adequada as suas guerras" (*Ibid.*, p. 363), não fazem *scientia*, ou seja, os eruditos com seus argumentos baseados na autoridade e os escolásticos com seus argumentos fundamentados em premissas iniciais apenas prováveis não podem atingir um conhecimento certo e evidente, ou indubitável.

Capítulo I: A Ordem e o Método Geométrico em Descartes

Advinda da concepção de Aristóteles[2] da ciência como plural, com métodos específicos e um nível de precisão próprio a cada uma, a concepção escolástica também vai considerar a ciência como um conjunto de disciplinas distintas, conforme a diversidade dos objetos a que se aplicam, tendo cada uma o seu método de investigação e nível de rigor próprio. O que, segundo Descartes, irá ocasionar a necessidade de "adquirir cada uma separadamente, deixando de lado todas as outras" (AT-X, *Regula* I, p. 360). A essa concepção tradicional, Descartes vai opor sua concepção de *scientia*, como um conhecimento unificado, visto que "todas as ciências nada mais são do que a sabedoria [*sapientia*] humana, a qual permanece sempre una e idêntica, por muito diferentes que sejam os objetos a que se aplique, e não recebe deles mais distinções do que a luz do sol da variedade das coisas que ilumina" (*Ibid.*, p. 360). Além disso, para que não reste dúvidas acerca do que propõe, Descartes acrescenta explicitamente: "[...] nada nos desvia mais do reto caminho da procura da verdade do que dirigir nossos estudos, não para este fim geral, mas para fins particulares." (*Ibid.*, p. 360).

---

[2] No Cap. 6, do Livro I do texto *Ética a Nicômaco*, Aristóteles escreve, acerca da ciência: "Mas o fato é que as **ciências são muitas**, mesmo das coisas que se incluem numa só categoria [...]" (1979, p. 53, grifo nosso); acerca dos métodos específicos para cada tipo de ciência, conforme o Cap. 3, do Livro I: "[...] não seria menos insensato aceitar um raciocínio provável da parte de um matemático do que exigir provas científicas de um retórico." (*Ibid.*, p. 50); acerca do nível de precisão próprio, conforme o Cap. 3, do Livro I: "[...] pois é próprio do homem culto buscar a precisão, em cada gênero de coisas, apenas na medida em que a admite a natureza do assunto." (*Ibid.*, p. 50).

Contudo, ainda que nas *Regulæ*, e em particular nas citadas Regra I e II, Descartes seja tão explícito quanto ao modelo a rejeitar e à definição do tipo de conhecimento que busca, ele não o é no que se refere à exposição da maneira, ou do método, para atingir seus objetivos. Com efeito, Descartes não nos deixou nenhum manual específico no qual explicasse claramente o método a ser utilizado para obter sua *scientia*.

1.2 O método e a ordem nos textos de Descartes

Descartes considera o método em suas obras, ora obscuramente, sem distinguir nitidamente os termos por ele empregados, ora de forma mais clara quanto ao seu emprego, mas, ainda assim de maneira obscura[3]. Basicamente, podemos afirmar que Descartes trata do método de duas maneiras, ou melhor, em dois momentos principais: nos escritos anteriores às *Méditations Métaphysiques* e nos escritos posteriores a esta obra. Tal divisão justifica-se, pois é nesta obra que se encontram juntos os principais elementos que irão compor o que será consagrado como o método cartesiano em sua forma mais definitiva: a ordem, a dúvida sistemática e a metafísica.

Nos escritos anteriores às *Méditations*, dentre as obras de Descartes em que o método é considerado sob a ótica da matemática universal, podemos citar as *Regulæ ad directionem ingenii*, o *Discours de la Méthode* e o ensaio

---

[3] Nas *Regulæ*, Berthet descreve a terminologia de Descartes como "[...] muito indecisa e contribui muito a obscurecer certas passagens [...]" (1896, Nota 1, p. 404). Como exemplo, Berthet cita o emprego dos termos *inductio* e *illatio*, como sinônimos de *deductio*, e o uso indistinto dos termos *inducere* ou *inferre* por *deducere*.

Capítulo I: A Ordem e o Método Geométrico em Descartes

intitulado *La Géométrie*. Nestes escritos, e em particular nas *Regulæ*, a ordem é afirmada como o próprio método, independente da metafísica, pois Descartes tem ainda a ilusão de poder contar com a universalização da matemática, a partir da consideração inicial da unidade da ciência, visto esta nada mais ser do que a própria sabedoria humana. Como escreve Martial Gueroult, acerca do método nas *Regulæ*: "O método se apresenta como tendo uma validade independente da metafísica, e como se fundando imediatamente sobre a certeza imanente à razão humana na sua manifestação autêntica original, a saber, as matemáticas." (1991, v. 1, p. 31).

Todavia, ainda que as *Regulæ* representem uma valiosa e imprescindível fonte para o estudo do método, e, em particular, da ordem, restam inacabadas; das trinta e seis regras com desenvolvimento que deveria compreender, só nos chegaram vinte e uma; dessas, somente dezoito possuem desenvolvimento e das três últimas só temos os enunciados (AT-X, *Avertissement*, p. 352).

Já no *Discours*, a dúvida Metafísica enquanto método já está em parte presente, mas não será plenamente desenvolvida, pois nesta obra, o método que será "[...] apresentado num parágrafo notavelmente conciso é o contorno de uma aproximação filosófica nova e muito mais dinâmica" (COTTINGHAM, 1989, p. 48). Além do mais, o *Discours*, apesar do título, mantém os mesmos objetivos das *Regulæ*, isto é, "alargar a todos os domínios uma análise do tipo matemático" (ALQUIÉ, 1986, p. 54), apresentando tão somente as regras do método expostas nas *Regulæ* de forma bastante resumida, "[...] não são mais do que um extrato do escrito póstumo. [*Regulæ*]" (NATORP, 1896, p. 417), assemelhando-se muito mais a um epítome ou compêndio do que a um *Organum* aristotélico ou a um *Novum organon* baconiano.

Resta o ensaio *La Géométrie*, publicado em 1637, que não trata do método em teoria, mas consiste unicamente numa aplicação prática deste, demonstrando-o na solução de problemas específicos, aplicando-o e não expondo-o ou explicando-o teoricamente. O próprio Descartes, em carta a Mersenne, datada de abril de 1637, escreveu que considerava essa obra própria para sobressair o valor de seu novo método (*Apud* GIBSON, 1896, p. 386-387). O texto está constituído por três livros: o primeiro, intitulado *Dos problemas que se pode construir empregando somente círculos e linhas retas* (AT-VI, *La Géométrie*, p. 369); o segundo, tem o título *Da natureza das linha curvas* (*Ibid.*, p. 389); e o terceiro, *Da construção dos problemas que são sólidos ou mais que sólidos* (*Ibid.*, p. 442). Segundo Zeljko Loparic, neste ensaio Descartes emprega o "[...] procedimento analítico/sintético generalizado tanto na resolução de problemas matemáticos não resolvidos pelos antigos [...] como no tratamento de problemas da Física, em particular da ótica e dos meteoros." (1991, p. 100-101).

Pela comparação entre as páginas introdutórias do tratado *La Géométrie* com as *Regulæ*, ou mais especificamente, com a sequência de regras que vai da XVIª até a XXIª, Boyce Gibson constata "[...] uma verdadeira união, união de duas faces na qual uma completa a outra: a união da regra anunciada e a da regra aplicada." (1896, p. 387). Além disso, Gibson conclui afirmando uma nova relação entre *La Géométrie* e as *Regulæ*: "Nós esperamos ter mostrado como é estreita a relação entre este último tratado e o tratado de *La*

Capítulo I: A Ordem e o Método Geométrico em Descartes

Géométrie, e em qual sentido profundo nós temos o direito de considerar este último como a **sequência natural e imediata** do primeiro." (*Ibid.*, p. 395, grifo nosso).

Dos escritos posteriores às *Méditations*, dentre as obras de Descartes em que o método já está consolidado, podemos citar a conhecida *Disposição Geométrica*, após as *Secondes Réponses*, em que a definição de método cartesiana assume uma nova feição: ele agora é definido como composto pela *ordem* e pela *disposição das matérias*. E, como veremos, é esta *dupla ordem* que estará mais próxima da fecundidade e vivacidade creditadas à ordem cartesiana por Alexandre Koyré, bem como de sua função em relação à ordem da Lógica de Aristóteles: "[...] ordem dinâmica oposta à ordem estática dos gêneros e das espécies da Lógica aristotélica –, ordem de produção e não de classificação, ordem na qual cada termo depende do que o precede, e determina, por sua vez, aquele que o segue." (1986, p. 57). Ademais, por ter sido citada e analisada por Louis Meyer, no Prefácio dos *Princípios de Filosofia de Descartes* (PPC), que foi visto e revisado por Spinoza[4], esta obra reveste-se de uma importância adicional para nossa análise.

Dos escritos citados acima, redigidos anteriormente às *Méditations* e que têm particular interesse para o estudo da nossa questão, vamos analisar mais detidamente as *Regulæ* e o *Discours*, deixando de fora o ensaio *La Géométrie*, devido a sua estreita vinculação com as *Regulæ*, conforme afirmado. Dentre aqueles redigidos posteriormente, vamos analisar as *Secondes Réponses*, pelas razões expostas.

---

[4] Cf. Atilano Domínguez: *"El 'prefacio' de Meyer fue revisado por Spinoza (Ep 15)."* (1988a, Nota 91, p. 137).

1.2.1 O MÉTODO E A ORDEM NAS REGULÆ

Excetuando alguns fragmentos mais antigos, muito provavelmente as *Regulæ* representam a primeira obra de Descartes sobre o método, ainda que não tenha sido publicada senão em 1701. Tendo em conta o texto, como, por exemplo, algumas referências biográficas feitas por Descartes nas Regras II, IV e X, muitos estudiosos a situam como uma obra da juventude, redigida entre 1620 e 1635. Francisque Bouillier, com base num "[...] certo número de expressões, de pensamentos e mesmo de teorias que não se encontram mais em suas outras obras, e que parecem pertencer a uma época na qual ele não estava ainda tão completamente despojado dos ensinamentos da Escola." (1868, v. 1, p. 63), vai afirmar as *Regulæ* como uma obra, "[...] senão de sua primeira juventude, ao menos anterior ao *Discours de la Méthode*." (*Ibid.*, p. 63)[5]. Paul Natorp, considerando a referência de Descartes a um determinado período de sua vida, encontrada na segunda parte do *Discours* (1896, p. 417), vai afirmar que as *Regulæ* foram escritas entre 1619 e 1628, concordando plenamente com J. Millet quanto à data de sua composição[6]. A data mais

---

[5] Como fundamento para a afirmativa, Bouillier cita em sua obra diversas passagens das *Regulæ*, nas quais Descartes vai tratar melhor os antigos, a antiguidade e a Escola, o que ele não fará, posteriormente, em suas outras obras. Dentre os diversos exemplos de Bouillier, vamos citar apenas dois: o primeiro, a passagem no início da Regra III (AT-X, *Regula* III, p. 366), na qual Descartes recomenda expressamente ler os antigos; o segundo, a passagem na Regra IV (AT-X, *Regula* IV, p. 377), em que ele chama de "bárbaro" o nome da Álgebra.

[6] Conforme o original: "*Sur la date de la composition des* Regulæ *je suis pleinement d'accord avec Millet*, HISTOIRE DE DESCARTES AVANT 1637 [...]" (NATORP, 1896, Nota 3, p. 417).

CAPÍTULO I: A Ordem e o Método Geométrico em Descartes

provável, ou, pelo menos, aquela em que mais eruditos se inclinam para sua redação é 1628. Dentre esses, podemos citar Millet (*Apud* BOUILLIER, 1868, v. 1, Nota 1, p. 65-66)[7], Gueroult (1991, v. 1, p. 15) e Ferdinand Alquié (1986, p. 22), que a situam no ano de 1628; Gibson, ao afirmar que a data de sua redação foi "provavelmente" anterior a 1629 (1896, p. 387); ou ainda, Émile Bréhier que, ao fazer referência ao período em que Descartes permaneceu em Paris, "ocupando-se de matemática e de dióptrica" (entre 1626 e 1628), afirma enfaticamente que foi "quando, **sem dúvida**, escreveu um opúsculo, inacabado" (1977, t. II, fasc. 1, p. 50, grifo nosso).

A segunda edição de 1664 da obra *La Logique ou L'Art de Penser*, dos autores Antoine Arnauld e Pierre Nicole, traz à margem a seguinte nota: "A maior parte do que nós dissemos aqui das questões foi tirado de um manuscrito de Descartes que M. Clerselier teve a bondade de emprestar-nos." (ARNAULD-NICOLE, 1664, *apud* AT-X, p. 351-352 e ARNAULD-NICOLE, 1992, p. 282). Segue-se, nesta mesma obra, a tradução francesa de uma parte das Regras XIII e XIV do original em latim. Segundo Charles Adam e Paul Tannery, nas *Œuvres de Descartes* (AT-X, *Avertissement*, p. 352), esta foi a primeira publicação de parte das *Regulæ*. Ainda que outros autores possam ter tido conhecimento das *Regulæ*[8], a segunda

---

[7] Bouillier não cita o nome exato da obra de Millet. Entretanto, ao contrário de Natorp (ver *supra*, Nota 6), Henri Joly refere-se a uma Tese de J. Millet intitulada *Descartes, sa Vie, ses Travaux, ses Découvertes avant 1637*. (1885, *Principes de la Philosophie*, Introduction, Nota 1, p. III).

[8] Ferdinand Alquié aventa a hipótese do próprio Spinoza ter tido acesso às *Regulæ*: "[...] Spinoza pode ter visto uma cópia das *Regulæ* circulando na Holanda, mas isto não é certo." (1991, Nota 1, p. 48).

37

referência expressa a estas só vai ocorrer em 1691, no livro de Adrien Baillet, *La Vie de Monsieur Des-Cartes*, publicado em dois volumes. Este último autor nos fornece um plano geral das *Regulæ* (t. II, p. 404-406) e uma tradução de quase toda a Regra IV (*Ibid.*, t. I, p. 112-115), além de diversas referências expressas das *Regulæ* (*Ibid.*, t. I, p. 112, 282, e t. II p. 477, 478-479, 481-483).

O plano geral das *Regulæ* descrito por Baillet encontra-se no tomo II de seu livro, no *Livre VII, Chapitre XX* (1691, p. 403-413), que tem como subtítulo, "Escritos de M. Descartes que não foram ainda impressos". Na parte que versa sobre o "tratado latino que contém as *Régles pour conduire notre esprit dans la recherche de la vérité*", Baillet reafirma a finalidade deste "tratado", já explícita no título, citando literalmente a Regra I (texto grifado), sem a indicação da autoria de Descartes e interpolada com suas próprias palavras: "segundo as máximas que M. Descartes estabeleceu em seu tratado para encontrar a Verdade, *a meta de todos os nossos estudos deve ser formar nossa mente* [9]*, para torná-la capaz de obter julgamentos sólidos e*

---

[9] Descartes vai utilizar o termo *mens* para designar a natureza da coisa pensante (*res cogitans*). Com menos frequência, ele também utiliza os termos *ratio, intellectus, animus* e *anima*. Este último, por trazer em si o sentido escolástico, foi explicitamente evitado por Descartes, ainda que não totalmente. As traduções francesas para o termo foram, *esprit, entendement, raison* e, eventualmente, *âme*. De nossa parte, procuraremos utilizar o termo "mente" ou "alma", sempre que nos referirmos à *res cogitans* num sentido geral, reservando o termo "espírito" para as traduções do termo *esprit*, quando utilizado por comentadores ou em textos cartesianos de língua francesa e os termos "entendimento" ou "intelecto" para as referências à pura intelecção, ou seja, a faculdade da alma (ou mente) não "contaminada" por outras faculdades da alma (como a vontade, por exemplo). Nas citações das passagens que possam gerar polêmicas ou ambiguidades, procuraremos utilizar o termo conforme o original citado.

CAPÍTULO I: A Ordem e o Método Geométrico em Descartes

verdadeiros sobre tudo o que se lhe apresente". (1691, t. II, p. 404; e AT-X, *Regula* I, p. 359).

  Baillet mantém esta atitude de interpolar o seu texto com o de Descartes, por todo o capítulo. Assim, ao afirmar a necessidade do método para a procura da verdade, ele utiliza-se da Regra IV, escrevendo "Que o método é absolutamente necessário para a procura da Verdade [...]" (1691, t. II, p. 404-405 e AT-X, *Regula* IV, p. 371); ou então, quando descreve o método, citando a Regra V: "[...] que este método consiste em pôr em ordem as coisas que vamos examinar" (1691, t. II, p. 404-405 e AT-X, *Regula* V, p. 379).

  Baillet inicia o parágrafo no qual vai descrever o plano geral das *Regulæ*, afirmando que Descartes, "Para tornar mais sensível o encadeamento dos preceitos que nos dá neste belo tratado" (1691, t. II, p. 405), divide em duas classes todos os objetos do nosso conhecimento: à primeira classe ele denominou **Proposições Simples** (*Propositions Simples*) e à segunda, **Questões** (*Questions*). As primeiras, consistem em doze regras, "que ele explica com seu método ordinário" (*Ibid.*, p. 405). As últimas, Descartes irá dividir novamente em duas espécies de questões, reservando a cada espécie doze regras. A primeira espécie de questões são aquelas que nós concebemos perfeitamente, ainda que ignoremos a solução; a segunda espécie de questões são aquelas que não concebemos mais do que imperfeitamente. Mas, escreve Baillet, "perdendo o autor, perdemos toda a última parte desta obra e a metade da segunda" (*Ibid.*, p. 406).

  Ainda que Baillet não cite expressamente, esta divisão é a mesma que Descartes descreve no último parágrafo da Regra XII, como o plano geral das *Regulæ*:

as doze primeiras regras serão dedicadas ao estudo das Proposições Simples (*propositiones simplices*), que irá corresponder à primeira parte da obra; as doze regras seguintes serão dedicadas às Questões (*quæstiones*) perfeitamente concebidas, o que corresponderá à segunda parte; finalmente, às Questões concebidas imperfeitamente, serão reservadas as doze últimas regras (AT-X, *Regulæ*, p. 428-429). Portanto, o texto final deveria ser composto de trinta e seis regras divididas em três partes.

Segundo J. Berthet, os comentadores somente utilizam as *Regulæ* "como um repertório de indicações complementares" (1896, p. 399), visando unicamente esclarecer as obscuridades das quatro Regras do *Discours*, ignorando ou negligenciando sua importante divisão em três partes. Todavia, para Berthet, esta obra de Descartes "constitui todo um método, digno de ser comparado e oposto àquele de 1637 [do *Discours*]" (*Ibid.*, p. 399). Com efeito, este autor afirma que a primeira parte das *Regulæ*, que vai da Regra I até a XII, na qual Descartes considera as "proposições simples", contém o método que será aquele do *Discours* quase que em sua totalidade, ou seja, "a intuição e a dedução longamente explicadas pelo simbolismo das naturezas simples ou compostas" (*Ibid.*, p. 399).

A partir da segunda parte, este "simbolismo grosseiro das naturezas simples e das naturezas compostas" (BERTHET, 1896, p. 406), será substituído pela "teoria nova do conhecimento, que é a distinção em dois grupos de questões: as questões perfeitas e as questões imperfeitas" (*Ibid.*, p. 406), consideradas nas duas partes seguintes das *Regulæ* (que restam incompletas). Esta nova teoria traz consigo um novo simbolismo, "a matemática universal e a representação

CAPÍTULO I: A Ordem e o Método Geométrico em Descartes

geométrica de todas as questões perfeitas" (*Ibid.*, p. 406), que, fora as questões imperfeitas (estudadas na terceira parte), "são, de agora em diante, questões da matemática universal e se explicam por este simbolismo e o método particular que ele comporta" (*Ibid.*, p. 406).

Entretanto, esta transição no método preconizado por Descartes que ocorre na passagem da primeira para a segunda parte das *Regulæ*, "do antigo simbolismo ao novo" (1896, p. 406), não é de modo algum gradativa; muito ao contrário, Berthet a afirma como "das mais bruscas" (*Ibid.*, p. 406), porque Descartes, no espaço de dez linhas, vai da consideração inicial da "mistura das naturezas", ainda na perspectiva da sua doutrina das "naturezas simples", para a afirmativa de que "todas as pesquisas são comparações, isto é, um estudo de proporções entre grandezas conhecidas e desconhecidas. A primeira operação do sábio deve ser a de depurar a questão perfeitamente compreendida de todo conceito estranho àquele de grandeza" (*Ibid.*, p. 406).

Esta transição, conclui Berthet, é "uma consequência evidente do plano mesmo das *Regulæ*" (1896, p. 407), pois "Descartes quis reconduzir aos símbolos da Geometria todas as espécies de dificuldades científicas, e que ele *representou* a Álgebra pela Geometria, após ter **representado** pela Álgebra todas as verdades da ciência" (*Ibid.*, p. 407, grifo do autor). Ou, conforme as palavras de Descartes:

> [...] Com efeito, a mente [*mens*] humana tem não sei quê de divino, em que as primeiras sementes dos pensamentos úteis foram lançadas de tal modo que, muitas vezes, ainda que descuradas e abafadas por estudos feitos indiretamente, produzem um fruto

espontâneo. É o que experimentamos, nas ciências [*scientiarum*], mais fáceis, a Aritmética e a Geometria: de fato, vemos bastante bem que os antigos geômetras utilizaram uma espécie de análise que estendiam à solução de todos os problemas, ainda que não o tenham transmitido à posteridade. E agora floresce um gênero de Aritmética, que se chama Álgebra, que permite fazer para os números o que os antigos faziam para as figuras. (AT-X, Regula IV, p. 373).

Ora, mas qual seria o significado desse "simbolismo geométrico", presente na segunda parte das *Regulæ*? A considerar as citações e o estudo dos textos cartesianos efetuados por Berthet, esse não é outra coisa do que a *dedução*, a *intuição* e a *ordem geométrica*. Com efeito, o "simbolismo geométrico" inicia-se ainda na primeira parte das *Regulæ*, com a *enumeração* dos diversos dados da questão, visando separar os dados conhecidos dos desconhecidos. Para Berthet, a enumeração é um procedimento tão dedutivo quanto a análise ou a síntese, ainda que num outro sentido. Segundo suas próprias palavras: "ela [a *enumeração*] é o primeiro procedimento que é necessário fazer em presença de uma questão" (1896, p. 404), pois, **ordena** o caos real que apresenta toda questão nova e o caos no qual acreditamos estar após tê-la estudado minuciosamente por muito tempo" (*Ibid.*, p. 404, grifo nosso). Em outras palavras: conforme a Regra XII, a enumeração é o procedimento dedutivo que vai ordenadamente percorrendo os elementos da cadeia, permitindo que estes sejam esclarecidos pela intuição, tendo em vista que as "Proposições Simples" devem ocorrer de forma espontânea e não podem ser objeto de investigação, devendo ser captadas por intuição (AT-X, *Regula* XII, p. 428-429).

Capítulo I: A Ordem e o Método Geométrico em Descartes

Após postular a unidade da ciência (*scientia*) na Regra I, deslocando a questão da multiplicidade dos objetos do conhecimento (como era tratada no aristotelismo) para a unicidade do sujeito do conhecimento, ou, no dizer de Alquié, afirmar que "[...] a unidade da ciência tem como condição suficiente a simples unidade do espírito conhecedor." (1986, p. 25), Descartes relaciona os objetos a serem conhecidos com a nossa capacidade intelectiva, condicionando-os a esta, ao afirmar na Regra II que "Importa lidar unicamente com aqueles objetos para cujo conhecimento certo e indubitável o nosso entendimento [*ingenia*] parece ser suficiente." (AT-X, *Regula* II, p. 362). Pois, se "Toda a ciência [*scientia*] é um conhecimento certo e evidente" (*Ibid.*, p. 362), deve-se rejeitar "todos os conhecimentos somente prováveis, e declaramos que se deve confiar apenas nas coisas perfeitamente conhecidas e das quais não se pode duvidar." (*Ibid.*, p. 362).

É justamente esta afirmativa de Descartes, bem como a contida no título desta regra, que alguns comentadores postulam como sendo o embrião do método da dúvida das *Méditations*. Cottingham, apesar de reconhecer que Descartes realmente aponta a indubitabilidade como um aspecto do conhecimento autêntico, afirma que neste trecho "[...] ele não especula que a sua utilização seja a pedra de toque para se estabelecerem os alicerces do conhecimento [...]" (1989, Nota 13, p. 48).

Ora, mas quais são estes objetos que a Regra II cita? Descartes não hesita: "Assim, das ciências já encontradas, restam só a Aritmética e a Geometria, às quais nos reduz a observação desta regra" (AT-X, *Regula*

II, p. 363). Mas, quais as razões para somente estas duas estarem "[...] isentas de todo o defeito da falsidade ou de incerteza" (*Ibid.*, p. 363)? Descartes vai observar que "[...] há uma dupla via que leva ao conhecimento das coisas, a saber a experiência ou a dedução" (*Ibid.*, p. 364-365), e que dessas vias, "[...] as experiências acerca das coisas são muitas vezes enganadoras, ao passo que a dedução ou a ilação pura de uma coisa a partir de outra se pode omitir quando não se divisa, mas nunca pode ser mal feita pelo entendimento [*intellectu*], ainda o menos racional." (*Ibid.*, p. 365). E porque a Aritmética e a Geometria "[...] são efetivamente as únicas que lidam com um objeto tão puro e simples que não têm de fazer suposição alguma que a experiência torne incerta, e consistem inteiramente em consequências a deduzir racionalmente." (*Ibid.*, p. 365). Entretanto, Descartes considera necessário ressaltar que "A conclusão a tirar de tudo o que precede é que não se deve aprender apenas a Aritmética e a Geometria, mas somente que, na procura do reto caminho da verdade, não há que ocupar-se de objeto algum sobre o qual não se possa ter uma certeza igual às demonstrações da Aritmética e da geometria." (*Ibid.*, p. 366).

Na Regra III, Descartes retorna aos objetos a serem considerados, restringindo-os ainda mais: "[...] há que procurar não os que os outros pensaram ou os que nós próprios suspeitamos, mas aquilo de que podemos ter uma intuição [*intueri*] clara e evidente ou que podemos deduzir com certeza; [...]" (AT-X, *Regula* III, p. 366), e relaciona-os com a intuição e a dedução, pois, de "todos os atos do nosso entendimento que nos permitem chegar ao conhecimento das coisas, sem nenhum receio de

Capítulo I: A Ordem e o Método Geométrico em Descartes

engano" (*Ibid.*, p. 368), apenas estes são admitidos. A intuição permite apresentar cada termo, quer se trate de uma figura, de um número, ou da minha própria existência; ou, como define Descartes:

> [...] Por intuição entendo, não a convicção flutuante fornecida pelos sentidos ou o juízo enganador de uma imaginação de composições inadequadas, mas o conceito da mente [*mentis*] pura e atenta tão fácil e distinto que nenhuma dúvida nos fica acerca do que compreendemos; ou então, o que é a mesma coisa, o conceito da mente pura e atenta, sem dúvida possível, que nasce apenas da luz da razão [*rationis*] e que, por ser mais simples, é ainda mais certo do que a dedução, se bem que esta última não possa ser mal feita pelo homem, como acima observamos. Assim, cada qual pode ver pela intuição [*intueri*] intelectual que existe, que pensa, que um triângulo é delimitado apenas por três linhas, que a esfera o é apenas por uma superfície, e outras coisas semelhantes, que são muito mais numerosas do que a maioria observa, porque não se dignam aplicar a mente [*mentem*] a coisas tão fáceis. (AT-X, *Regula* III, p. 368).

E a dedução (*deductionem*) é para Descartes "[...] o que se conclui necessariamente de outras coisas conhecidas com certeza." (AT-X, *Regula* III, p. 369). Donde a relação que vai fundamentar o raciocínio é a *inferência*, ou a passagem de uma proposição a outra que dela deriva sem mediação; e não a *inerência*, ou a relação entre um sujeito e uma qualidade que lhe é atribuída, como ocorre, por exemplo, no silogismo aristotélico. Segundo Alquié, a relação que fundamenta o raciocínio em Descartes "[...] É, a maioria das vezes, uma relação entre quantidades, o que permite precisamente fixar o lugar dessas quantidades na ordem. E é por isto que intuição, dedução e ordem são noções inseparáveis." (1986, p. 29).

É nesta regra que Descartes vai distinguir a "[...] intuição intelectual [*mentis intuitum*] da dedução certa [*deductione certa*] pelo fato de que nesta se concebe uma espécie de movimento ou sucessão e na outra, não; além disso, para a dedução não é necessário, como para a intuição, uma evidência atual, mas é antes à memória que, de certo modo, vai buscar a sua certeza." (AT-X, *Regula* III, p. 370). A importância desta distinção está na estreita interdependência entre a ordem, a intuição e a dedução, demonstrada pela especificidade de cada ato do entendimento em relação ao seu objeto de conhecimento. Assim, escreve Descartes, as "[...] proposições que se concluem imediatamente a partir dos primeiros princípios são conhecidas, de um ponto de vista diferente, ora por intuição, ora por dedução [...]" (*Ibid.*, p. 370), ou seja, os elos internos da cadeia podem ser conhecidos, por um ou por outro ato do entendimento. Entretanto, para as extremidades da cadeia, seja a origem ou o fim, Descartes ressalta: "[...] que os primeiros princípios se conhecem somente por intuição, e, pelo contrário, as conclusões distantes só o podem ser por dedução." (*Ibid.*, p. 370).

Uma vez formulado o projeto cartesiano e exposto seus pressupostos (Regras de I a III), Descartes pode agora (Regra IV) não só afirmar o método como necessário para a investigação da verdade, mas também dar-lhe uma primeira definição mais completa. Esta definição comporta dois momentos concomitantes, conforme o uso de um ou de outro ato do entendimento, de forma específica ou não: o momento da intuição e o momento

CAPÍTULO I: A Ordem e o Método Geométrico em Descartes

da dedução. No primeiro momento, "[...] Entendo por método regras certas e fáceis que permitem a quem exatamente as observar nunca tomar por verdadeiro algo de falso [...]" (AT-X, *Regula* IV, p. 371-372), Descartes propõe a apreensão do simples pela intuição, conforme definido nas regras anteriores.

No segundo momento, "[...] sem desperdiçar inutilmente nenhum esforço da mente [*mentis conatu*], mas aumentando sempre gradualmente o saber [*scientiam*], atingir o conhecimento verdadeiro de tudo o que será capaz de saber." (AT-X, *Regula* IV, p. 372), Descartes propõe a elevar-nos, do simples apreendido, gradualmente e de uma maneira racional, através da dedução, até ao conhecimento do complexo.

Após esta primeira definição, Descartes vai retomar a crítica aos Geômetras, ou aos autores das disciplinas matemáticas, em especial da Aritmética e da Geometria, que apenas expunham os resultados acerca dos números e das figuras. Quanto aos números, a Descartes bastava os cálculos. Mas, quanto às figuras, Descartes declara-se insatisfeito: "havia muitas coisas que de alguma maneira eles me metiam pelos olhos a dentro e que eram o resultado de consequências rigorosas; mas, porque é que era assim e como lá se chegava não me parecia que o patenteassem bastante à mente [*menti*]; [...]" (AT-X, *Regula* IV, p. 375). E, esta maneira de demonstrar não é casual, pois, Descartes vai acusar os Geômetras de deliberadamente fazerem desaparecer o verdadeiro método (ou a verdadeira maneira de demonstrar: a análise), utilizado para chegar aos resultados rigorosamente consequentes ali expostos. Ou, como escreve o próprio Descartes:

47

E não me custa acreditar que os próprios autores a fizeram desaparecer por uma espécie de astúcia perniciosa. Com efeito, assim como se reconheceu que muitos artífices tinham procedido relativamente às suas invenções, recearam eles que, talvez, devido à sua grande facilidade e simplicidade, se desvalorizasse pela sua divulgação, e preferiram, para se fazerem admirar, apresentar-nos em seu lugar algumas verdades estéreis demonstradas com um sutil rigor lógico como efeitos de sua arte, em vez de nos ensinarem a própria arte, que eliminaria totalmente nossa admiração. (AT-X, *Regula* IV, p. 376-377).

Ora, se a *scientia* é una, "[...] todas têm conexão entre si e mútua dependência; [...]" (AT-X, *Regula* I, p. 361), o método também deve ser, pelas mesmas razões: o entendimento é uno e idêntico. Arthur Hannequin afirma mesmo que esta é ideia dominante nas *Regulæ*: "[...] há uma só *sapientia humana*, pela qual é preciso entender que há um único entendimento humano, e uma só razão, e, por conseguinte, uma só ciência, uma só certeza, e um único método para alcançar a verdade em qualquer espécie de objeto." (1906, p. 758). Se as demonstrações da Aritmética e da Geometria, são modelos de certeza, ou de um conhecimento certo e evidente, ou de *scientia* (AT-X, *Regula* II, p. 362, p. 366), há que se procurar uma Aritmética ou uma Geometria, ou ambas, universal, válida para todo entendimento humano. Descartes interrogou-se sobre o que todos entendem exatamente pela palavra matemática, e por que é que não são apenas a Álgebra e a Geometria que são consideradas matemáticas, mas também, a Astronomia, a Música, a Óptica, a Mecânica e muitas

Capítulo I: A Ordem e o Método Geométrico em Descartes

outras. A relação óbvia que Descartes encontrou para relacionar estas disciplinas com a Matemática foi "[...] tudo aquilo em que apenas se examina a **ordem e a medida**, sem ter em conta se é em números, figuras, astros, sons ou em qualquer outro objeto que semelhante medida se deve procurar;" (AT-X, *Regula* IV, p. 377-378, grifo nosso). E a Ciência Geral que vai explicar tudo o que se pode indagar acerca da ordem e da medida, englobando todos os objetos do conhecimento humano e não estando agregada a nenhum em particular, "[...] é chamada Matemática Universal [*Mathesim universalem*], porque nela se encerra tudo aquilo pelo que outras ciências se chamam partes da Matemática." (*Ibid.*, p. 378).

Donde, num primeiro ajuste da definição inicial, a partir de uma decisão pessoal, baseada na sua experiência com a *Mathesim universalem*, Descartes acrescenta: "[...] decidi observar tenazmente na busca do conhecimento das coisas uma **ordem** tal que, principiando sempre pelas coisas mais simples e fáceis, nunca passei a outras até que me parecesse que não ficava mais nada a desejar nas primeiras." (AT-X, *Regula* IV, p. 378-379, grifo nosso). Com este ajuste, o método agora se apresenta de forma mais completa: ele se propõe, ao mesmo tempo, a descobrir as coisas simples, apreendidas pela intuição, e dispô-las segundo uma ordem tal que possibilitará elevar-nos gradualmente, e de uma maneira racional, pela dedução que vai como que desdobrando os elos da cadeia até ao conhecimento do complexo.

A esta definição inicial, que introduziu as noções de intuição para apreensão das coisas simples e a noção de dedução para a construção racional da cadeia, Descartes necessita acrescentar a noção de ordem, pois não é possível constituir a *scientia*, sem "Substituir o complexo que se apresenta, e se apresenta sem razão, numa espécie de experiência confusa e espontânea, por um complexo ordenado e racionalmente reconstruído [...]" (ALQUIÉ, 1986, p. 29). Donde, a nova definição de método da Regra V:

> Todo o método consiste na **ordem** e na **disposição** das coisas para as quais é necessário dirigir a penetração da mente [*mentis*], a fim de descobrirmos alguma verdade. Observaremos isto fielmente, se reduzirmos gradualmente as proposições complicadas e obscuras a proposições mais simples, e se depois, partindo da intuição das mais simples, tentar nos elevar pelos mesmos graus ao conhecimento de todas as outras. (AT-X, *Regula* V, p. 379, grifo nosso).

Entretanto, esta definição ainda não está completa, pois, para reduzirmos as proposições mais complexas a proposições mais simples e, em seguida, ordená-las, é preciso distinguir uma da outra, ou seja, é necessário distinguir as coisas mais simples das mais complexas. De fato, Descartes escreve no final da Regra V: "Mas, porque muitas vezes a ordem que aqui se exige é tão obscura e complicada que nem todos a podem reconhecer [...]" (AT-X, *Regula* V, p. 380). Donde, a Regra VI, que vai prescrever a necessidade de "[...] em cada série de coisas em que deduzirmos diretamente algumas verdades de outras, observar qual a mais simples e como todas as outras estão mais, menos, ou igualmente afastadas." (AT-X, *Regula* VI, p. 381). Para isto, Descartes vai dividir todas as coisas, classificando-as em absolutas ou relativas, "[...] conforme

Capítulo I: A Ordem e o Método Geométrico em Descartes

as comparamos entre si, a fim de que se possam conhecer umas pelas outras [...]" (*Ibid.*, p. 381), baseando-se na condição inicial de "[...] que todas as coisas podem ser dispostas em séries distintas [...]" (*Ibid.*, p. 381).

As coisas absolutas são aquelas que "[...] contém em si a natureza pura e simples de que se trata uma questão." (AT-X, *Regula* VI, p. 381), e as coisas relativas são aquelas que participam "[...] desta mesma natureza ou, ao menos, em alguma coisa dela, pela qual pode ser referido ao absoluto e dele se deduzir mediante uma certa série; mas, além disso, envolve em seu conceito outras coisas que chamo relações." (*Ibid.*, p. 382). Como exemplo das coisas absolutas, Descartes cita "[...] tudo aquilo que é considerado como independente, causa, simples, universal, uno, igual, semelhante, reto e outras coisas deste gênero [...]" (*Ibid.*, p. 381); e como exemplo das coisas relativas, "[...] tudo o que se diz dependente, efeito, composto, particular, múltiplo, desigual, dessemelhante, oblíquo, etc." (*Ibid.*, p. 382). E acrescenta Descartes, "Estas coisas relativas afastam-se tanto mais das absolutas, quanto mais relações deste tipo contém, subordinadas umas às outras [...]" (*Ibid.*, p. 382), tendo esta regra a finalidade de advertir-nos "[...] que é preciso distinguir todas estas relações, e observar a sua conexão mútua e a sua ordem natural, de tal modo, que partindo da última, possamos chegar até à mais absoluta, passando por todas as outras." (*Ibid.*, p. 382), porque "[...] o segredo de toda a arte consiste em buscarmos com diligência em todas as coisas o que há de mais absoluto." (*Ibid.*, p. 382).

Entretanto, a Regra VI nem sempre pode ser seguida, pois há casos em que não é possível reduzir um conhecimento à intuição. Para estes casos, Descartes vai prescrever a Regra VII: "Para completar a ciência, é preciso analisar, uma por uma, todas as coisas que se relacionam com o nosso objetivo, por um movimento contínuo e ininterrupto do pensamento, abarcando-as numa enumeração suficiente e metódica." (AT-X, *Regula* VII, p. 387). Além disso, escreve Descartes, "[...] é preciso remediar a fraqueza da memória por uma espécie de movimento contínuo do pensamento." (*Ibid.*, p. 387).

Este movimento contínuo e ininterrupto característico da enumeração proposta na Regra VII, que visa completar a ciência e remediar a memória, assemelha-se muito com o movimento contínuo e ininterrupto citado na definição cartesiana de dedução, pelo qual muitas coisas podem ser conhecidas com certeza, ainda que não sejam em si evidentes, "[...] contanto que sejam deduzidas [*deducantur*] de princípios verdadeiros e já conhecidos, **por meio de um movimento contínuo e ininterrupto do pensamento**, que intui nitidamente cada coisa em particular [...]" (AT-X, *Regula* III, p. 369, grifo nosso). Berthet vai mais longe, ao afirmar que a enumeração consiste nessas "[...] providências numerosas, mais dedutivas [...]" (1896, p. 400), presentes no processo dedutivo e necessárias para conhecer que o último elo de uma cadeia está ligado ao primeiro. Para demonstrar sua afirmativa da enumeração como dedução matemática, Berthet vai proceder à análise dos três exemplos de aplicação da enumeração, citados por Descartes na Regra VII:

> Se quero provar por enumeração quantos gêneros de seres são corpóreos ou como são apreendidos pelos sentidos, não afirmarei que sejam tantos e nem mais, a não ser que antes tenha conhecido com certeza que

Capítulo I: A Ordem e o Método Geométrico em Descartes

reuni todos na enumeração e os distingui uns dos outros. Mas, se pelo mesmo caminho, quero mostrar que a alma [*animam*] racional não é corpórea, não será absolutamente necessário que a enumeração seja completa: bastará reunir todos os corpos simultaneamente, em alguns grupos, de modo que demonstre que a alma [*animam*] racional não pode ser referida a nenhum deles. Se, finalmente, quero mostrar por meio da enumeração que a área do círculo é maior do que as áreas de todas as outras figuras cujo perímetro seja igual, não é necessário fazer o inventário de todas as figuras, basta fazer esta demonstração para algumas em particular, para concluir por indução o mesmo de todas as outras. (AT-X, *Regula* VII, p. 390).

Segundo Berthet, "o primeiro dos exemplos é evidentemente e rigorosamente dedutivo; o segundo parece ser menos, e o terceiro, termina por uma afirmação ousada que tem todo o ar de uma hipótese dedutiva" (1896, p. 400-401). O primeiro exemplo é uma exata aplicação das regras da enumeração e não contém mais do que deduções. Ele tem uma cadeia central (a ideia que eu concebo dos corpos) e várias cadeias laterais originárias desta cadeia central (os objetos a que ela convém). É necessário enumerar todos os objetos aos quais ela pode convir, e da intuição de todos esses objetos, independentes uns dos outros, eu deduzo quantos objetos convêm à noção com que eu os comparei. Após percorrer todas as cadeias laterais, eu retorno à cadeia central. O segundo exemplo tem um "[...] procedimento semelhante, ainda que em sentido contrário, que se deveria seguir se quiséssemos rigorosamente observar a regra para descobrir se a alma é imortal" (*Ibid.*, p. 401).

É necessário enumerar todos os corpos e comparar as noções desses corpos à noção de alma, afim de se assegurar que esta última depende das primeiras, ou se as relações que a noção de alma sustenta com as noções dos corpos são relações de negação ou de privação. Por fim, no terceiro exemplo, para demonstrar que o círculo é maior do que todas as figuras de igual perímetro, "[...] se eu submeto estritamente ao preceito da enumeração [...], seria necessário comparar o ar do círculo a cada uma das figuras consideradas sucessivamente e individualmente." (*Ibid.*, p. 401). Acerca destes dois últimos exemplos, conclui Berthet: "[...] é a enumeração completa desses pares separados que resolverá, como no primeiro exemplo, a questão por pura dedução." (*Ibid.*, p. 401).

A Regra VIII prescreve: "Se na série de coisas a investigar, se apresentar alguma coisa que nosso entendimento não possa intuir suficientemente bem, é preciso deter-se ali, sem examinar as demais que se seguem, evitando assim um trabalho supérfluo." (AT-X, *Regula* VIII, p. 392).

Após prescrever e explicar a ordem nas três regras anteriores, as Regras V, VI e VII, Descartes irá mostrar nesta regra, "[...] em que casos a ordem é **absolutamente necessária** e em que casos ela é **apenas útil**." (AT-X, *Regula* VIII, p. 392, grifo nosso). Para isto, Descartes irá traçar os limites do entendimento humano ou da faculdade do saber, pela análise do próprio entendimento, no que respeita à acessibilidade deste à série de coisas a investigar, ou seja, se a natureza da coisa a ser investigada é ou não acessível ao nosso entendimento. A este respeito, Gueroult vai afirmar Descartes como mais próximo a Kant do que aos outros

CAPÍTULO I: A Ordem e o Método Geométrico em Descartes

racionalistas, pois Kant também vai considerar a questão dos limites do entendimento humano, enquanto que os outros racionalistas não. No dizer de Gueroult: "Esta subordinação de todo empreendimento filosófico à determinação do poder de nosso entendimento e dos seus limites não se encontra entre os **grandes**[10] cartesianos: Spinoza, Malebranche, Leibniz." (1991, v.1, Nota 1, p. 15-16, grifo nosso).

Uma vez cumprida a condição de que, durante o processo de análise da série de coisas a serem investigadas, sejam aplicadas de forma correta as sete regras precedentemente expostas, a prescrição da Regra VIII fundamenta-se na natureza do sujeito que analisa, ou seja, na sua capacidade intelectiva. Com efeito, trata-se dos limites do entendimento humano que, no caso da exata aplicação das regras, está no pleno uso de sua capacidade, independente do seu potencial individual, ou seja, trata-se do pleno uso do entendimento humano em geral, válido necessariamente para todos os seres humanos, e não do potencial individual deste ou daquele sujeito. Como escreve Descartes: "[...] as sete regras anteriores mostram àqueles que as conhecem de que maneira podem, em qualquer ciência que seja, satisfazer-se a si mesmos até o ponto de nada mais terem a desejar [...]" (AT-X, *Regula* VIII, p. 393). O mesmo pode ser dito da natureza da coisa analisada: se esta é por natureza inacessível ao entendimento humano, ela será inacessível para todos os seres humanos, e não apenas para este ou

---

[10] Rodis-Lewis, citando F. Bouillier (1868, *passim*.), escreve: "Os grandes cartesianos seriam então Malebranche, Espinosa e Leibniz, que desenvolvem, segundo estruturas originais, a relação fundamental da ontologia com o conhecimento do tipo matemático." (1979, p. 9).

aquele em particular. Donde a afirmativa cartesiana a respeito do sujeito que se detém frente a uma coisa que o entendimento não intuiu de forma suficiente, que ele "[...] saberá então com certeza que nunca poderá encontrar a ciência que procura, e isto não por culpa do seu entendimento, mas pelo impedimento procedente da própria natureza da dificuldade ou pela sua condição humana que a isso se opõe." (*Ibid.*, p. 393).

Segundo Gueroult, uma das especificidades das *Regulæ* "[...] é que a obra da ciência não está relacionada a nenhum outro princípio que não seja a humana faculdade de saber." (1991, v. 1, p. 30). Sem dúvida, esta afirmativa encontra fundamento nesta regra, pois o conhecimento do potencial intelectivo aplicado sobre alguma coisa é afirmado como um conhecimento do mesmo nível que o conhecimento manifesto pela natureza da própria coisa; ou, como escreve Descartes: "Este conhecimento não é uma ciência menor do que a que manifesta a natureza da própria coisa [...]" (AT-X, *Regula* VIII, p. 393). Com efeito, além de afirmar que "Esta regra decorre necessariamente das razões dadas para a segunda." (*Ibid.*, p. 393), isto é, a Regra II, na qual é prescrito que são importantes apenas as coisas possíveis de serem por nós conhecidas de modo certo e indubitável, Descartes vai afirmar o entendimento como a primeira coisa a ser conhecida, visto que nada pode ser conhecido antes do entendimento, porque é do entendimento que podem ser conhecidas todas as coisas, e não o contrário, ou seja, a origem do conhecimento está no entendimento e não nas coisas.

É justamente esta passagem da Regra VIII que será citada por Natorp como uma das "[...] primeiras manifestações de sua Metafísica [...]" (1896, p. 427),

Capítulo I: A Ordem e o Método Geométrico em Descartes

ressaltando no entanto que "[...] estão elas mesmas [as manifestações] estreitamente ligadas ao método." (*Ibid.*, p. 427). É a esta passagem também que se refere Alquié, ao escrever que "Se quiséssemos, porém, encontrar nas *Regulæ* os primeiros sinais da metafísica de Descartes [...]" (1986, p. 26), com a ressalva de que nas *Regulæ* "[...] esta verdade é apresentada como um exemplo do que se pode descobrir pelo método [...]" (*Ibid.*, p. 26). Esta passagem também será citada por Gueroult, associando-a ao *cogito*, ao afirmá-la como um princípio que tem uma formulação semelhante na *Seconde Méditation*: "[...] o *cogito* é o primeiro dos conhecimentos, o espírito [*esprit*] é mais fácil de se conhecer do que o corpo, porque o espírito [*esprit*] se conhece sem o corpo, mas o corpo não se conhece sem o espírito [*esprit*] [...]" (1991, v. 1, p. 16).

Como um produto do método de uma única ciência, produto de um único entendimento, a conclusão de que o conhecimento tem sua origem no entendimento, e não o contrário, desde que sejam aplicadas as sete regras precedentes, pode ser alcançada por todo aquele que "[...] se propuser como questão examinar todas as verdades, para cujo conhecimento é suficiente a razão humana – e parece-me que isto deve ser feito uma vez na vida por todos os que se esforçam seriamente por alcançar a sabedoria [...]" (AT-X, *Regula* VIII, p. 395). A seguir, pelo exame de tudo o que advém "[...] imediatamente após o conhecimento do entendimento puro, pela enumeração, chegará aos outros dois instrumentos de conhecimento que temos além do entendimento: a imaginação e os sentidos." (*Ibid.*, p. 395-396). Distinguindo e examinando estes três modos de conhecimento, "[...] ao ver que a verdade e o erro só podem estar propriamente no entendimento, embora derivem muitas vezes sua origem dos outros dois modos de conhecimento, prestará atenção a tudo que o possa enganar, a fim de precaver-se [...]" (*Ibid.*, p. 396). Por fim, por meio de uma enumeração suficiente, relacionará "[...] todos os caminhos que se oferecem aos homens para a verdade, com o fim de seguir o melhor; pois não são tantos que não os possa descobrir facilmente todos [...]" (*Ibid.*, p. 396).

Para bem executar isto, Descartes irá prescrever que "[...] das coisas igualmente fáceis de se conhecer, se deve sempre investigar primeiro as que são mais úteis." (AT-X, *Regula* VIII, p. 397); e, pela comparação deste método ao das "[...] artes mecânicas que não precisam da ajuda das outras, mas elas mesmas ensinam como se fabricam os instrumentos de que necessitam." (*Ibid.*, p. 397), irá empregar o exemplo do ferreiro[11] para demonstrar que o entendimento, apesar de não ser a única

---

[11] Spinoza também usa este exemplo, no § 30 do *Tratado da Reforma do Entendimento* (TIE). Spinoza, porém, o emprega para exemplificar que a busca pelo melhor método de investigar a verdade não necessita ir ao infinito: "A cujo fim, deve-se primeiramente considerar que não haverá aqui uma busca ao infinito, isto é, para se descobrir qual o melhor método de investigar a verdade, não é necessário outro método para investigar qual o método de investigar a verdade; e para que se investigue este segundo método, não é necessário um terceiro, e assim ao infinito: por esse modo nunca se chegaria ao conhecimento da verdade, ou, antes, a conhecimento algum. O mesmo se diria dos instrumentos materiais, onde se argumentaria de igual forma, pois para forjar o ferro precisar-se-ia de um martelo e, para se ter martelo, é preciso fazê-lo, para o que se necessita de outro martelo e de outros instrumentos, os quais também supõem outros instrumentos, e assim ao infinito. E desse modo em vão tentaria alguém provar que os homens não têm nenhum poder de forjar o ferro." (TIE § 30).

Capítulo I: A Ordem e o Método Geométrico em Descartes

origem do conhecimento, é a única origem do conhecimento verdadeiro, pois detém o conhecimento mais útil e imprescindível a toda investigação da verdade. Segundo Descartes, se alguém quisesse exercer o ofício de ferreiro, e não tivesse nenhum dos apetrechos necessários ao ofício, tais como, martelo, bigorna, tenazes e outros similares,

> [...] ver-se-ia, a princípio, obrigado a servir-se como bigorna de uma pedra dura ou de algum bloco informe de ferro, a tomar uma pedra em lugar de martelo, a dispor pedaços de madeira em forma de tenazes e a juntar, segundo a necessidade, outros materiais desse tipo. E assim que os tivesse prontos não se poria logo a forjar, para uso dos outros, espadas e capacetes ou quaisquer outros objetos de ferro; mas antes de mais, fabricaria martelos, uma bigorna, tenazes e tudo o mais que lhe viesse a ser útil. (AT-X, *Regula* VIII, p. 397).

Com este exemplo, Descartes afirma o entendimento como potência *per se* em relação ao conhecimento, ou seja, para iniciar o processo de conhecimento, não é necessário mais do que o próprio entendimento. Todavia, Descartes adverte que os "[...] preceitos rudimentares que mais parecem inatos às nossas mentes do que fornecidos pela arte, [...]" (*Ibid.*, p. 397), mas elaborados com método, não devem ser empregados para resolver grandes questões filosóficas ou matemáticas, pelo menos inicialmente, e sim serem utilizados "[...] para investigar com a maior diligência tudo aquilo que seja mais necessário para o exame da verdade [...]" (*Ibid.*, p. 397).

Conhecidos os modos do conhecimento, cabe agora expor o que se pode conhecer através deles, pela investigação do que é o conhecimento humano e até onde se estende, pois "[...] isto é o que deve fazer uma vez na vida quem quer que ame um pouco a verdade, porque a investigação aprofundada deste ponto contém os verdadeiros instrumentos da ciência e todo o método." (AT-X, *Regula* VIII, p. 397-398). Uma vez que é o entendimento o único modo de conhecimento capaz de alojar a verdade e o erro, caberá então a caracterização em particular, dos conhecimentos de que a razão humana é capaz, bem como das coisas que podem cair sob esta razão, consideradas enquanto atingidas pelo próprio entendimento. E isto só é possível, por não ser um "[...] trabalho imenso querer abarcar com o pensamento todas as coisas contidas neste universo, para reconhecer como cada coisa em particular se sujeita ao exame de nossa mente." (*Ibid.*, p. 398) e porque, segundo Descartes, "Nada há, com efeito, tão múltiplo ou tão disperso que não se possa, mediante a enumeração de que tratamos, circunscrever em determinados limites ou reduzir-se a uns tantos grupos." (*Ibid.*, p. 398).

Para isto, Descartes irá dividir tudo o que foi inicialmente circunscrito para efeito de exame de nossa mente, em duas partes, conforme se refiram, "[...] ou a nós que somos capazes de conhecer, ou às próprias coisas que podem ser conhecidas [...]" (AT-X, *Regula* VIII, p. 398), ou seja, quer se refiram ao sujeito que conhece, ou ao objeto do conhecimento. No que se relaciona com o sujeito, adverte Descartes, apesar de "[...] que só o entendimento é capaz de ciência, [...] três outras faculdades podem ajudar ou criar-lhe impedimentos: são a imaginação, os sentidos e a memória." (*Ibid.*, p. 398). Donde, a necessidade de "[...] ver por ordem em que é que cada uma destas faculdades em particular pode

Capítulo I: A Ordem e o Método Geométrico em Descartes

constituir um obstáculo, para nos precaver, ou então, em que nos pode ser útil, para empregarmos todos os seus recursos." (*Ibid.*, p. 398-399).

No que se relaciona com as coisas, consideradas somente "[...] enquanto estão ao alcance do entendimento e, neste sentido, as dividimos em naturezas absolutamente simples e em naturezas complexas ou compostas." (AT-X, *Regula* VIII, p. 399). Por sua vez, as naturezas simples "não podem ser mais que espirituais ou corpóreas, ou apresentar, ao mesmo tempo, ambos os caracteres [...]" (*Ibid.*, p. 399). Quanto às compostas, "[...] umas são de fato captadas como tais pelo entendimento, antes dele as determinar por um juízo, enquanto que as outras são por ele compostas." (*Ibid.*, p. 399). O erro, demonstrará Descartes na sequência (Regra XII), só ocorre nessas últimas naturezas compostas pelo entendimento e a verdade está implícita nas naturezas simples. Por isso, escreve Descartes, "[...] distinguimos, nas naturezas compostas, as que se deduzem das naturezas mais simples e são conhecidas por si mesmas, [...] e as que pressupõem outras, cuja experiência nos mostra a composição na realidade [...]" (*Ibid.*, p. 399).

Nas Regras IX e X, Descartes irá explicar como podemos melhorar nossa disposição para realizarmos as duas operações do entendimento, a intuição e a dedução, e ao mesmo tempo, desenvolvermos as duas principais faculdades do nosso entendimento, "[...] a perspicácia, vendo distintamente por intuição cada coisa em particular, e a sagacidade, deduzindo-as com arte umas das outras." (AT-X, *Regula* IX, p. 400). Para tanto, Descartes irá prescrever na Regra IX a necessidade de

"[...] dirigir toda a força do entendimento para as coisas menos importantes e mais fáceis e nelas nos determos tempo suficiente, até nos habituarmos a ver a verdade por intuição de uma maneira clara e distinta." (*Ibid.*, p. 400); e na Regra X a necessidade de "[...] exercitar-se em investigar as mesmas coisas que já foram encontradas por outros e em percorrer **com método** todas as artes e ofícios dos homens, por pouca importância que tenham, mas sobretudo aqueles que manifestam ou supõem ordem." (AT-X, *Regula* X, p. 403, grifo nosso). Descartes irá nesta regra definir novamente o método em função da ordem, ao considerá-lo como a "[...] observação constante da ordem que existe na própria coisa ou que se inventa com sutileza." (*Ibid.*, p. 404).

Na Regra XI, visando fazer com que nosso conhecimento se torne "[...] muito mais certo e se aumente a capacidade do entendimento" (AT-X, *Regula* XI, p. 407), Descartes vai considerar o modo como a intuição e a dedução, enquanto operações do entendimento, se completam e se aperfeiçoam mutuamente, "[...] de forma que parecem se fundir numa só por certo movimento do intelecto que considera atentamente por intuição cada objeto em particular, ao mesmo tempo que vai passando aos outros." (*Ibid.*, p. 408). Por isso, se extrairmos alguma conclusão de uma série de proposições simples intuída, devemos "[...] percorrê-las por meio de um movimento contínuo e ininterrupto do pensamento, refletir nas suas relações múltiplas, e conceber distintamente várias coisas ao mesmo tempo, tanto quanto se puder [...]" (*Ibid.*, p. 407).

A Regra XII prescreve:

> Finalmente, é preciso utilizar todos os recursos do entendimento, da imaginação, dos sentidos e da

Capítulo I: A Ordem e o Método Geométrico em Descartes

> memória, tanto para termos uma intuição distinta das proposições simples, quanto para estabelecermos, entre as coisas procuradas e as conhecidas, uma ligação adequada que as permita reconhecer, como também para encontrar as coisas que devem ser comparadas entre si, para que não se omita nenhum recurso dos que estão ao alcance dos homens. (AT-X, *Regula* XII, p. 410).

É nesta regra que Descartes vai introduzir a sua Doutrina das *naturezas simples*, encerrando a primeira parte das *Regulæ*, conforme o plano geral exposto pelo próprio autor nesta mesma regra. Por isso, Descartes afirma esta regra como "[...] a conclusão de tudo o que anteriormente se disse [Regras I a XI] e ensina em geral o que era necessário explicar em particular." (AT-X, *Regula* XII, p. 410-411).

Inicialmente, Descartes vai fazer uma retrospectiva do que foi dito antes, acerca dos dois pontos a serem considerados no conhecimento: nós, que conhecemos, e as coisas a serem conhecidas [Regra VIII]. Do lado do sujeito que conhece, só há em nós quatro faculdades possíveis de conhecer: o entendimento, a imaginação, os sentidos e a memória [Regra VIII e XI], sendo que o entendimento, por ser o único capaz de ver [*percipiendæ*] a verdade, deve ser ajudado pelos outros [Regra VIII]. Do lado das coisas, basta examinar três aspectos: de início, o que se apresenta espontaneamente; depois, como se conhece uma coisa por outra; e, por fim, que deduções se pode tirar de cada um deles (AT-X, *Regula* XII, p. 410-411).

Descartes vai dividir esta regra em dois pontos principais, a saber: o primeiro, acerca da necessidade de utilização das faculdades capazes de conhecimento; o segundo, acerca das proposições simples e do estabelecimento de ligações adequadas entre as coisas procuradas e as coisas conhecidas que nos permitam não só reconhecê-las, como também encontrar as coisas que devem ser comparadas entre si. Após considerar detidamente estes dois pontos, Descartes irá descrever uma série de conclusões extraídas dessas considerações (AT-X, *Regula* XII, *passim.*).

Passando ao primeiro ponto da regra, Descartes vai explicar, "[...] qual dos modos de conceber tudo o que em nós se destina a conhecer as coisas é o mais útil [...]" (AT-X, *Regula* XII, p. 412) ao seu propósito de "[...] expor o que é a mente do homem, o que é o seu corpo, como é que este é informado por aquela, quais são em todo o composto humano as faculdades que servem para o conhecimento e o que cada uma delas faz em particular [...]" (*Ibid.*, p. 411).

Passando ao segundo ponto da regra, Descartes vai "[...] distinguir cuidadosamente as noções das coisas simples, das noções que a partir delas se compõem e ver numas e noutras onde pode residir o erro, a fim de o evitarmos, e quais as que se podem conhecer com certeza a fim de apenas delas nos ocuparmos." (AT-X, *Regula* XII, p. 417). Por isso irá expor uma série de considerações, a saber: na primeira, "[...] é preciso considerar as coisas singulares em ordem ao nosso conhecimento de forma diferente de quando delas falamos tal como existem realmente." (*Ibid.*, p. 418), pois, "Como não tratamos aqui de coisas senão enquanto percebidas pelo entendimento [...]" (*Ibid.*, p. 418), é em função deste que será definido o que são as naturezas simples, e por oposição, as naturezas compostas. Com efeito, Descartes escreve "[...] só chamamos simples aquelas cujo

Capítulo I: A Ordem e o Método Geométrico em Descartes

conhecimento é tão claro e distinto que não podem ser divididas pelo entendimento em várias outras conhecidas mais distintamente: como a figura, a extensão, o movimento, etc." (*Ibid.*, p. 418), e as outras, são concebidas "[...] como se, de certo modo, fossem compostas destas [coisas simples]." (*Ibid.*, p. 418).

Na segunda consideração, Descartes irá classificar as coisas simples em relação ao nosso entendimento, em "[...] puramente intelectuais, ou puramente materiais, ou comuns." (AT-X, *Regula* XII, p. 419). As coisas simples puramente intelectuais são aquelas "[...] conhecidas pelo entendimento, graças a uma certa luz ingênita e sem a ajuda de qualquer imagem corpórea." (*Ibid.*, p. 419). Já as coisas simples puramente materiais as "[...] que sabemos existirem apenas nos corpos, como a figura, a extensão, o movimento, etc." (*Ibid.*, p. 419). Por fim, as coisas simples comuns são aquelas "[...] que são atribuídas indistintamente ora às coisas corpóreas, ora aos espíritos [*spiritibus*], como a existência, a unidade, a duração e coisas semelhantes." (*Ibid.*, p. 419). De resto, Descartes salienta que entre as naturezas simples, enquanto são apreendidas pelo nosso entendimento, deve-se contar também a privação e a negação destas mesmas naturezas, "[...] porque o conhecimento pelo qual vejo o que é o nada, ou o instante, ou o repouso, não é menos verdadeiro do que aquele pelo qual compreendo o que é a existência, ou a duração, ou o movimento." (*Ibid.*, p. 420).

Na terceira consideração, Descartes irá afirmar que as naturezas simples "[...] são todas conhecidas por si mesmas e que nunca contém nenhuma falsidade." (AT-X, *Regula* XII, p. 420). Na quarta consideração, Descartes irá afirmar que a união das naturezas simples pode ser necessária ou contingente. Ela é necessária, "[...] quando uma está implicada tão intimamente no conceito da outra que não podemos conceber distintamente uma ou outra, se as julgamos separadas entre si." (AT-X, *Regula* XII, p. 421). Ao contrário, é contingente "[...] quando a sua união não implica nenhuma ligação indissolúvel entre as coisas." (*Ibid.*, p. 421).

Na quinta consideração, Descartes afirma que "Nada podemos compreender além dessas naturezas simples e da espécie de mistura ou composição que entre elas existe." (AT-X, *Regula* XII, p. 422). E, na sexta consideração, nosso autor escreve que "As naturezas por nós chamadas de compostas nos são conhecidas, ou porque experimentamos o que elas são, ou porque nós próprios as compomos." (*Ibid.*, p. 422). Finalmente, na sétima consideração, Descartes afirma que "[...] esta composição se pode fazer de três maneiras, a saber, por impulso, por conjectura ou por dedução." (*Ibid.*, p. 424). É por impulso que os juízos sem fundamento ou sem serem persuadidos pela razão são compostos; assim, compõem os seus juízos por impulso, "[...] aqueles cujo entendimento os leva a alguma crença, sem serem persuadidos por razão alguma, mas determinados apenas ou por alguma potência superior, ou pela sua própria liberdade, ou por uma disposição da fantasia [...]" (*Ibid.*, p. 424). E Descartes acrescenta, concernente à verdade desses juízos: "[...] a primeira influência nunca engana, a segunda raramente, a terceira quase sempre; mas a primeira não tem o seu lugar aqui, porque não depende da arte." (*Ibid.*, p. 424).

A composição das naturezas simples faz-se por conjectura, quando observamos os elos de uma cadeia

Capítulo I: A Ordem e o Método Geométrico em Descartes

ou série, e conjeturamos o elo seguinte, ou vindouro. Descartes cita o exemplo da série de elementos que, conforme se afastam do centro da terra, vão se tornando mais sutis e, por conseguinte, mais leves. Assim, numa escala crescente de sutileza e leveza, Descartes cita a água, a terra e o ar, como de comprovada sutileza e leveza. Daí, "[...] conjeturamos que acima do ar nada mais há do que éter muito puro e muito mais sutil que o próprio ar." (AT-X, *Regula* XII, p. 424). No que concerne à verdade desse tipo de composição, Descartes escreve: "Tudo o que desse modo compomos não nos engana, certamente, se julgarmos que é apenas provável e se jamais afirmarmos que é verdadeiro, mas também não nos torna mais sábio." (*Ibid.*, p. 424). A composição das naturezas simples que se faz por dedução é a única em que podemos compor as "[...] coisas de forma a estarmos seguros da sua verdade." (*Ibid.*, p. 424).

De tudo que foi exposto nesta regra, Descartes vai concluir em primeiro lugar, "[...] que não há vias abertas ao homem para um conhecimento certo da verdade além da intuição evidente e da dedução necessária; e também para conhecer as naturezas simples que foram abordadas na Regra VIII." (AT-X, *Regula* XII, p. 425). Em segundo lugar, conclui-se "[...] que não há nenhum trabalho em conhecer estas naturezas simples, pois são já suficientemente conhecidas por si mesmas; mas apenas separá-las umas das outras e considerar à parte, intuitivamente cada uma delas [...]" (*Ibid.*, p. 425). Em terceiro lugar, conclui-se "[...] que toda a ciência humana consiste apenas em ver distintamente como estas naturezas simples concorrem em conjunto para a composição das outras coisas." (*Ibid.*, p. 427). Em quarto lugar, conclui-se "[...] que os conhecimentos das coisas não devem ser olhados como mais obscuros uns do que os outros, já que todos são da mesma natureza e consistem apenas numa composição de coisas conhecidas por si mesmas." (*Ibid.*, p. 427-428). Por fim, conclui-se, em quinto lugar, "[...] que a dedução só se pode fazer das palavras às coisas, ou do efeito à sua causa, ou da causa ao seu efeito, ou do semelhante ao semelhante, ou das partes às partes ou ao próprio todo..." (*Ibid.*, p. 428-429).

1.2.2 O MÉTODO E A ORDEM NO *DISCOURS*

O *Discours de la Méthode et les Essais*[12] foram publicados em língua francesa, no ano de 1637[13] em Leyde, na *Imprimerie Jan Maire*, sem o nome do autor. Sua versão latina foi publicada em 1644 com o nome do autor, *Renati Des Cartes Specimina Philosophiæ*, ao mesmo tempo que os *Principia Philosophiæ*. Esta versão é devida a Etienne de Courcelles, francês estabelecido em Amsterdã como ministro protestante, que considerou por bem não publicar o terceiro dos ensaios presentes no original francês: *La Géométrie*. (AT-VI, *Avertissement*, p. V).

Em carta a Mersenne, datada de março de 1637, Descartes escreve que o título do *Discours* significa o mesmo

---

[12] O título completo do original francês é "*Discours de La Méthode pour bien Conduire sa Raison et Chercher la Verité dans la Sciences, Plus La Dioptrique, Les Météores et La Géométrie, que sont des essais de cette méthode*"; (AT-VI, *Avertissement*, p. XIII); e o da versão latina, "*Renati Des Cartes Specimina Philosophiæ: seu Dissertatio de Methodo, Recte utendi ratione et veritatem in scientiis investigandi: Dioptrice, et Meteora*" (AT-VI, *Discours,* p. 517).

[13] Gibson afirma erroneamente que o ensaio *La Géométrie* apareceu pela primeira vez em 1638, em Leyde, como complemento do *Discours de la Méthode*. (1896, p. 386).

Capítulo I: A Ordem e o Método Geométrico em Descartes

"[...] que Prefácio ou Advertência acerca do Método, para mostrar que não tenho intenção de o ensinar, mas apenas de falar dele" (*Apud* ALQUIÉ, 1986, p. 53). Ao mesmo tempo que Prefácio, o fato de ter sido redigido em francês, língua vulgar de então, pode atestar o *Discours* como uma obra de vulgarização do "[...] método universal que deveria servir sobretudo às necessidades do espírito [*esprit*] que desejasse procurar a verdade nas ciências." (GIBSON, 1896, p. 386), com a qual Descartes pretende que o público se interesse pelo método. Como reforço desta intenção, Descartes nos propicia três exemplos do que pode ser auferido pelo método, os *Essais* que acompanham a obra foram "[...] escolhidos expressamente de maneira a demonstrar sua importância universal: *La Géométrie*, na qual o aplica às matemáticas puras; a *Dioptrique*, na qual o aplica a uma questão de física; os *Météores*, na qual o aplica a uma questão de Filosofia natural." (*Ibid.*, p. 386). Baillet escreve que o *Discours* é uma obra considerada por muitos "[...] como a Lógica de sua Filosofia: e é difícil não estar de acordo com este sentimento, desde que se considere que o fim de seu método não é outro do que formar o juízo, e de preferir às regras ao espírito [*esprit*] para se conduzir." (1691, v. 1, p. 281).

O plano geral do *Discours* é dado pelo próprio autor, à guisa de introdução, na qual escreve:

> Se esse discurso parece demasiado longo para ser lido de uma só vez, poderemos dividi-lo em seis partes. Na primeira, encontrar-se-ão várias considerações a respeito das ciências. Na segunda, **as principais regras do método** buscado pelo autor. Na terceira, estarão presentes algumas regras da Moral que extraiu desse método. Na quarta, as razões pelas quais ele demonstra

> a existência de Deus e da alma [âme] humana, que constituem os fundamentos de sua Metafísica. Na quinta, encontrar-se-á a ordem de questões de Física que investigou, e, particularmente, a explicação do movimento do coração e algumas outras dificuldades relativas à Medicina; em seguida, a diferença existente entre nossa alma [âme] e a dos animais. Na sexta e última, as coisas que acredita necessárias ao avanço da pesquisa sobre a natureza e as razões que o motivaram a escrever. (AT-VI, *Discours*, p. 1, grifo nosso).

Portanto, as regras do método são os quatro preceitos, que se encontram expostas na Segunda Parte do *Discours*. Vejamos estes preceitos mais detidamente.

> O primeiro preceito era o de jamais aceitar alguma coisa como verdadeira que não soubesse ser evidentemente como tal [...] e de nada incluir em meus juízos que não se apresentasse tão clara e distintamente a meu espírito [esprit] que eu não tivesse nenhuma chance de colocar em dúvida. (AT-VI, *Discours*, p. 18).

Este primeiro preceito é conhecido como a regra da evidência. E esta, por sua vez, é entendida como a intuição intelectual de uma ideia clara e distinta. A intuição, por ser originária exclusivamente das luzes da razão, é de ordem intelectual e não sensível, ao contrário do sentido em que a entendemos hoje. Uma ideia é clara quando nela se percebem todos os seus elementos, pois esta ideia está presente na mente atenta; e, distinta, quando se conhece o que contém a ideia em si mesma, não se podendo confundi-la com nenhuma outra. Donde, por excluir qualquer outra fonte de conhecimento além da luz natural do entendimento, decorre deste preceito que a ideia clara e distinta, enquanto evidente, é indubitável.

Capítulo I: A Ordem e o Método Geométrico em Descartes

> O segundo, o de dividir cada uma das dificuldades que eu examinasse em tantas partes quantas possíveis e quantas necessárias fossem para melhor compreendê-las. (AT-VI, *Discours*, p. 18).

Este é o primeiro preceito da ordem, prescrevendo a decomposição de uma ideia complexa em seus elementos simples, visando estabelecer as relações entre estas naturezas simples. Trata-se da análise, que de uma maneira mais profunda, torna-se um procedimento que reduz o desconhecido ao conhecido, remontando aos princípios dos quais depende.

> O terceiro, o de conduzir por ordem meus pensamentos, a começar pelos objetos mais simples e mais fáceis de serem conhecidos, para galgar, pouco a pouco, como que por graus, até o conhecimento dos mais complexos e, inclusive, pressupondo uma ordem entre os que não se precedem naturalmente uns aos outros. (AT-VI, *Discours*, p. 18-19).

É o segundo preceito da ordem: referindo-se de maneira mais explícita, à formação dessas espécies de séries mais ou menos complexas, numa ordem lógica, segundo a qual as verdades dependem umas das outras. Trata-se da dedução que vai reconstituir o complexo, partindo do simples. É o método dos geômetras: começar com axiomas simples, imediatamente evidentes, passando então em uma cadeia ininterrupta de raciocínios à derivação dos resultados mais complexos.

> E o último, o preceito de fazer em toda parte enumerações tão complexas e revisões tão gerais que eu tivesse a certeza de nada ter omitido. (AT-VI, *Discours*, p. 19).

É a enumeração que investiga, metodicamente, tudo que é necessário e suficiente para resolver uma questão. Ela consiste em passar de um juízo a outro de forma rigorosa, ou seja, a passagem deve ser feita por um movimento contínuo e ininterrupto do pensamento. E, quanto mais rápido este movimento, mais ele elimina toda a intervenção da memória, que é fonte de erros. Donde, a enumeração não é a retomada pela memória de demonstrações anteriormente realizadas, mas sim de descobrir tudo o que é necessário para fazê-las.

1.2.3 O método e a ordem nas *Secondes Réponses*

As *Meditationes de Prima Philosophia*[14] foram publicadas pela primeira vez em latim, no ano de 1641, impressa por Michel Soly. A obra continha as seis meditações, seguidas das seis objeções e as respectivas respostas de Descartes. Nesta primeira edição não foram incluídas as *Sétimas Objeções*, que só serão acrescentadas na segunda edição, publicada em 1642, também em latim, na Holanda e impressa por Louis Elzevier (AT-VII, *Avertissement*, p. V-VI). A primeira edição em língua francesa foi publicada em 1647, em tradução feita pelo Duque de Luynes, para o texto das *Méditations Métaphysiques*[15], identificado no frontispício pelas iniciais "Mʳ *le* D. D. L. N. S." (*Monsieur le Duc De LuyNes*) e Claude Clerselier, que

---

[14] O título completo da primeira edição em Latim (1641): "*Renati Des-Cartes Meditationes de Prima Philosophia, in qua Dei existentia et Animæ immortalitas demonstratur*" (AT-VII, *Avertissement*, p. V).

[15] O título completo da primeira edição francesa (1647): "*Les Méditations Métaphysiques de René Des-Cartes touchant la premiere philosophie, dans lesquelles l'existence de Dieu, & la distinction réelle entre l'ame & le corps de l'homme sont demonstrées.*" (AT-IX-1, *Avertissement*, p. XI).

CAPÍTULO I: A Ordem e o Método Geométrico em Descartes

traduziu as *Objections et Réponses*, também identificado pelas suas iniciais, "M̃ C. L. R." (*Monsieur ClerseLier*). Esta tradução francesa foi a única que Descartes viu, aceitou e aprovou (AT-IX-1, *Avertissement*, p. IX). Para o texto francês da edição Adam-Tannery, volume IX-1, foi utilizada esta primeira tradução francesa das *Méditations* (*Ibid.*, p. VIII), e o texto latino da edição Adam-Tannery, volume VII, foi estabelecido a partir da segunda edição holandesa de 1642 (AT-VII, *Avertissement*, p. XI).

As *Méditations* foram redigidas segundo uma rigorosa ordem geométrica e analiticamente demonstrada, ou seja, as razões foram expostas conforme a ordem demonstrativa da análise: dos efeitos a suas causas. Entregue para ser lida aos teólogos e filósofos reunidos pelo Padre Mersenne, que irão formular as *Segundas Objeções*, Descartes foi aconselhado a redigi-la segundo o método dos geômetras, pois este é considerado mais adequado aos propósitos doutrinantes por eles vislumbrados para a obra de Descartes: "[...] para que **de uma só vez, e como de um só relance**, vossos leitores possam encontrar com o que se satisfazer, e para que preenchais seus espíritos com o **conhecimento da divindade**." (AT-IX-1, *Secondes Objections*, p. 101, grifo nosso). Para Francis Kaplan, ao fazerem esta solicitação a Descartes, os contraditores estão "[...] provando que o método geométrico estava em moda nos séculos XVI e XVII." (1998, p. 20)[16]. E como para Descartes as *Meditationes* foram escritas na "forma dos Geômetras", pois, foram redigidas numa ordem geométrica e demonstradas analiticamente, ele responde

---

[16] No original: "[...] *prouvent que la méthode géométrique était à la mode aux XVIe et XVIIe siècles.*" (KAPLAN, 1998, p. 20).

tranquilamente aos seus contraditores: "No que concerne ao conselho que me dais, de dispor minhas razões segundo o método dos Geômetras, a fim de que **de uma só vez os leitores possam compreendê-las**, eu vos direi aqui de que forma já tentei precedentemente segui-lo, e como procurarei fazê-lo ainda posteriormente" (*Ibid.*, p. 121, grifo nosso).

Os contraditores, enquanto teólogos e filósofos do século XVII, ainda entendiam a divisão entre a análise e a síntese como uma divisão entre dois métodos. Ademais, pela descrição citada do método geométrico, "[...] após terdes primeiramente adiantado algumas definições, postulados e axiomas, concluirdes o todo, [...]" (AT-IX-1, *Secondes Objections*, p. 101), podemos observar que eles consideravam o "método dos Geômetras" como autônomo e oposto ao "método da análise". Conforme exposto anteriormente, ao contrário da conclusão de Alquié e da perspectiva dos contraditores, seus contemporâneos, Descartes considerava a divisão entre análise e síntese, apenas como a distinção interna de um mesmo método. Com efeito, pela simples leitura do texto francês de 1647 das *Secondes Réponses*, depreende-se facilmente que para Descartes o "método dos Geômetras" estava constituído de duas partes [17]: "Na forma de escrever dos Geômetras, eu distingo duas coisas, a saber, a ordem e a maneira de demonstrar." (AT-IX-1, *Secondes Réponses*, p. 121)[18]. E a ordem, consistia tão somente em "[...] que as coisas que são propostas primeiro devem ser conhecidas

---

[17] Esta divisão do método já estava presente na Regra V: "Todo o **método consiste na ordem e na disposição das coisas** para as quais é necessário dirigir a penetração da mente [*mentis*], a fim de descobrirmos alguma verdade. [...]" (AT-X, *Regula* V, p. 379, grifo nosso).

Capítulo I: A Ordem e o Método Geométrico em Descartes

sem a ajuda das seguintes, e que as seguintes devem ser dispostas de tal forma que elas sejam demonstradas unicamente pelas coisas que as precedem." (*Ibid.*, p. 121)[19]. E a forma de demonstrar, por sua vez, pode ser dupla: pela via analítica ou pela via sintética. Em suas próprias palavras: "A **maneira** de demonstrar é dupla: uma se faz por análise ou resolução, e a outra pela síntese ou composição." (*Ibid.*, p. 121, grifo nosso)[20].

Além de discordar da pressuposição dos contraditores de que a análise e a síntese são dois métodos distintos, Descartes também vai discordar da afirmativa de que o "método dos geômetras" proposto, ou seja a utilização da síntese como ordem demonstrativa, seja mais adequado ao ensino do que a análise, como fica claro em sua resposta, ao escrever que "A análise mostra o verdadeiro caminho pelo qual uma coisa foi metodicamente descoberta [...]" (AT-IX-1, *Secondes Réponses*, p. 121), enquanto que a síntese, ao contrário, "[...] não dá, como a outra, inteira satisfação aos espíritos que queiram aprender, porque não ensina o método pelo qual a coisa foi descoberta". (*Ibid.*, p. 122).

Na passagem citada acerca da *forma de escrever dos Geômetras*, Descartes está afirmando que reconhece

---

[18] Conforme o original: "*Dans la façon d'écrire de Geometres, je distingue deux choses, à sçavoir l'ordre, & la maniere de démontrer.*" (AT-IX-1, *Secondes Réponses*, p. 121).

[19] Conforme o original: "*[...] que les choses qui sont proposées les premieres doivent etre connues sans l'aide des suivantes, & que les suivantes doivent aprés etre disposées de telle façon, qu'elles soient démontrées par les seules choses qui les precedent.*" (AT-IX-1, *Secondes Réponses*, p. 121).

[20] Conforme o original: "*La maniere de démontrer est double: l'une se fait par l'analyse ou résolution, & l'autre par la synthèse ou composition.*" (AT-IX-1, *Secondes Réponses*, p. 121).

nesta *duas ordens*: a primeira, que podemos chamar de "ordem primária", ou "grande ordem", consiste apenas na exigência de que toda demonstração deve necessariamente assentar sobre alguma coisa dada anteriormente, ou já demonstrada, ou seja, estabelece uma ordem relacional entre os termos anteriores e posteriores. A segunda, que podemos chamar, por oposição à primeira, de "ordem secundária", ou "pequena ordem", refere-se à *maneira de demonstrar*, que consiste numa exigência inteiramente diferente da anterior, a de ordenação ou de encaminhamento no texto das razões demonstrativas, no sentido da análise ou no sentido da síntese, ou seja, de acordo com a ordem analítica, indo dos efeitos às suas causas, ou de acordo com a ordem sintética, indo das causas aos seus efeitos. A grosso modo, podemos comparar a *forma de escrever dos Geômetras* citada por Descartes, com as progressões aritméticas ou geométricas, em que temos uma série composta de termos determinados por uma razão e ordenados em ordem crescente ou decrescente. A razão que abrange todos os termos da série, e, que num certo sentido a constitui, pois é ela que vai fazer com que os termos formem uma série, podemos relacionar com o que denominamos de *ordem primária*; a ordem do sentido dos termos na série, crescente ou decrescente, podemos relacionar com a *ordem secundária*.

Gueroult também vai afirmar que Descartes "[...] distingue duas ordens, a ordem sintética e a ordem analítica;" (1991, v. 1, p. 22), e que esta última, enquanto ordem do conhecimento, "[...] é a ordem da invenção, que é então da *ratio cognoscendi*; ela se determina segundo as exigências de nossa certeza; ela é o

Capítulo I: A Ordem e o Método Geométrico em Descartes

encadeamento das condições que a tornam possível." (*Ibid.*, p. 26); e a ordem sintética, enquanto ordem da realidade, é "[...] aquela que se institui entre os resultados da ciência; e estes resultados, são a verdade da coisa. Ela é então a ordem da *ratio essendi*, aquela segundo o qual se dispõem em si as coisas quanto à sua dependência real." (*Ibid.*, p. 26). Gueroult acrescenta ainda que "[...] as condições que tornam possíveis o conhecimento certo da verdade são diferentes das condições que, em si, fazem com que as coisas sejam ou existam, e que o encadeamento de meus conhecimentos não é o encadeamento das realidades." (*Ibid.*, p. 26).

A esta distinção das ordens de Gueroult se opõem Alquié e Loparic. Segundo este último, "Alquié rejeitou sem hesitar, mas também sem oferecer argumentos detalhados, essa distinção entre a ordem analítica e a ordem sintética." (1991, p. 107). Loparic também afirma que a tese de Gueroult sobre a ordem sintética como *ratio essendi* seria irreconciliável com sua outra tese, "[...] que afirma existir uma ordem analítica e uma ordem sintética **entre proposições**." (*Ibid.*, p. 107, grifo do autor). Apesar de discordar também desta última tese de Gueroult, visto que para ele, "O que Descartes chama de analítico é o próprio método ou, como ele diz, *ratio demonstrandi* (maneira de demonstrar) e não a ordem das proposições – ou mesmo dos argumentos." (*Ibid.*, p. 106), Loparic aventa a hipótese de aceitar esta tese de Gueroult sobre a existência de uma ordem analítica ou sintética entre proposições. Neste caso, "[...] não poderemos mais dizer que a primeira concerne ao encadeamento de nossos conhecimentos e a segunda ao encadeamento das realidades." (*Ibid.*, p. 107), pois "Dizer que a 'ordem sintética' é a *ordo essendi* é confundir as relações discursivas com as relações entre as coisas reais das quais se fala." (*Ibid.*, p. 107). Ademais, Loparic conclui, perguntando "[...] o que pode significar *ordo essendi* na Metafísica?" (*Ibid.*, p. 107), e afirmando que nesta disciplina, se a ordem sintética existir, ela será necessariamente uma *ordo cognoscendi*, tendo em vista que na Metafísica "[...] a existência de conexões entre referentes dos conceitos não pode mais ser garantida de maneira independente (porque, nesse domínio, [ao contrário do que ocorre na Geometria] as noções não podem ser apoiadas na imaginação) [...]" (*Ibid.*, p. 107-108).

Ora, pelo exposto podemos observar certa confusão no que concerne às ordens, tanto no texto do Gueroult quanto no texto do Loparic. Gueroult, ao afirmar a existência de duas ordens, refere-se exclusivamente ao que denominamos "ordem secundária", ou à ordem quanto ao sentido das razões demonstrativas, ignorando a "ordem primária" por considerá-la inerente à ordem analítica ou à ordem sintética. Todavia, se a considerarmos quanto à relação de necessidade com o conjunto, veremos que, apesar de inerente, trata-se de duas ordens claramente distintas entre si, pois, enquanto a "ordem primária" é absolutamente necessária, visto que constitui o sistema, a "ordem secundária" não o é, gozando apenas de uma necessidade relativa ao todo, visto podermos optar por uma ou outra ordenação direcional sem prejuízo deste todo. Donde, se fosse uma única ordem, como quer Gueroult, haveria apenas uma única relação de necessidade, na qual ambas seriam necessárias, ou, em caso contrário, ambas não seriam necessárias.

Capítulo I: A Ordem e o Método Geométrico em Descartes

Já Loparic, numa interpretação muito próxima daquela de Alquié por nós anteriormente analisada[21], citando inclusive os termos do original latino (*ratio demonstrandi*)[22] que foram analisados e traduzidos por Alquié[23], vai afirmar a "ordem primária" como sendo o próprio método, escrevendo que "Descartes está retomando aqui o conceito tradicional de **ordem dedutiva**, baseado na relação de implicação lógica." (1991, p. 106, grifo nosso). E esta "[...] 'ordem dedutiva' entre proposições não é, portanto, em si mesma, nem analítica nem sintética." (*Ibid.*, p. 107). Quanto à "ordem secundária", Loparic, sem oferecer argumentos detalhados, à semelhança de Alquié que foi por ele criticado justamente por este motivo, vai considerar um equívoco Gueroult "[...] falar em 'ordem analítica' e 'ordem sintética' entre proposições numa prova [...]" (*Ibid.*, p. 106).

Entretanto, se por um lado, consider333 refutável por carência de fundamentação a hipótese de Loparic da *ratio demonstrandi*, fundamentada, ou ao menos inspirada em Alquié, bem como a de Gueroult, devido à confusão no que concerne às ordens primária e secundária; por outro lado, concordamos inteiramente com Alquié e Loparic, pelas razões expostas por este último, quanto à impossibilidade da tese de Gueroult de considerarmos a ordem analítica e a ordem sintética como a ordem do conhecimento (*ratio cognoscendi*) e a ordem do real (*ratio essendi*), respectivamente.

---

[21] Cf. *supra*, Introdução, *Análise e Síntese*.
[22] No original latino está: "*rationem demonstrandi.*" (AT-VII, *Secundæ Responsiones*, p. 155).
[23] Esta análise e tradução do Alquié do texto latino das *Secundæ Responsiones* será vista a seguir.

Já Clerselier parece ter compreendido adequadamente a passagem de Descartes acerca da *forma de escrever dos Geômetras*, pelo menos aos olhos do autor, pois este, conforme citado acima, viu e aprovou sua tradução de 1647 das *Secundæ Responsiones*, na qual nosso tradutor escreve: "[...] A análise mostra a verdadeira via pela qual uma coisa foi **metodicamente inventada**, e faz ver como os **efeitos dependem das causas** [...]" (AT-IX-1, *Secondes Réponses*, p. 121, grifo nosso)[24]. Com efeito, quanto à ordem por nós denominada de "grande ordem", pode ser identificada nesta tradução com a expressão "metodicamente inventada"; quanto ao que denominamos de "pequena ordem", Clerselier nos fornece dela uma clara descrição. O mesmo pode ser dito para sua tradução referente à síntese: "A síntese, ao contrário, por uma via toda outra, e como que **examinando as causas pelo seus efeitos** (se bem que a prova que ela contém seja amiúde também dos efeitos para as causas), demonstra na verdade, claramente o que está contido em suas conclusões [...]" (*Ibid.*, p. 122, grifo nosso)[25].

Entretanto, estas duas passagens das *Secondes Réponses*, traduzidas por Clerselier, que descreve as vias analítica e sintética, foram traduzidas de forma diferente por Alquié, que não considerou a tradução de 1647 conforme com o texto latino original. Loparic vai afirmar a este respeito que

---

[24] Conforme o original: *"L'analyse montre la vraye voye par laquelle une chose a esté methodiquement inventée, & fait voir comment les effets dépendent des causes [...]"* (AT-IX-1, *Secondes Réponses*, p. 121).

[25] Conforme o original: *"La synthese, au contraire, par une voye toute autre, & comme en examinant les causes par leurs effets (bien que la preuve qu'elle contient soit souvent aussi des effets par les causes), démontre à la verité clairement ce qui est contenu en ses conclusions [...]"* (AT-IX-1, *Secondes Réponses*, p. 122).

CAPÍTULO I: A Ordem e o Método Geométrico em Descartes

os dois textos "[...] não concordam entre si." (1991, p. 101). Alquié traduz o primeiro, sobre a análise, como "A análise mostra a verdadeira via pela qual uma coisa foi metodicamente e como que *a priori* inventada." (*Apud* LOPARIC, 1991, p. 101) [26]. O segundo, acerca da síntese, é traduzido como "A síntese, ao contrário, por uma via oposta e como que procurada *a posteriori* (embora a própria prova seja nesta amiúde mais *a priori* que na análise)." (*Ibid.*, p. 101) [27].

Realmente, nota-se, na comparação com o original, que Clerselier fez um acréscimo interpretativo nas duas descrições. Na descrição de análise, Clerselier acrescenta como que uma explicação para os termos "*a priori*", empregados por Descartes no original, que consiste na interpretação destes como sinônimo para a via analítica, ou seja, a ordem das razões demonstrativas vai do efeito a sua causa, ou "como os efeitos dependem das causas". Na descrição de síntese, o acréscimo de Clerselier consiste no mesmo, só que desta vez os termos cartesianos explicados

---

[26] Na edição latina de 1641, esta passagem tem a seguinte redação: "*Analysis veram viam ostendit per quam res methodice e tanquam a priori inventa est* [...]" (AT-VII, *Secundæ Responsiones*, p. 155). Jean-Marie Beyssade a traduz por: "*L'analyse montre la vraie voie par laquelle une chose a été méthodiquement et comme a priori inventée.*" (*Méditations Métaphysiques. Chronologie, présentation et bibliographie* de Jean-Marie Beyssade et Michelle Beyssade, 1979, p. 253).

[27] No original latino de 1641, esta passagem tem a seguinte redação: "*Synthesis è contra per viam oppositam & tanquam a posteriori quæsitam (etsi saepe ipsa probatio sit in hac magis a priori quam in illa)* [...]" (AT-VII, *Secundæ Responsiones*, p. 156). Jean-Marie Beyssade a traduz por: "*La synthèse au contraire, par une voie opposée et recherchée comme a posteriori (bien que la preuve elle-même y soit souvent davantage a priori que dans l'analyse).*" (*Méditations Métaphysiques. Chronologie, présentation et bibliographie* de Jean-Marie Beyssade et Michelle Beyssade, 1979, p. 254).

são "*a posteriori*", que consiste na interpretação destes como sinônimo para a via sintética, ou seja, a ordem das razões demonstrativas vai da causa ao seu efeito, ou "como que examinando as causas pelo seus efeitos".

Segundo Alquié, os termos latinos *a priori* e *a posteriori* podem ser tomados em dois sentidos diferentes: num primeiro sentido, comum ao século XVII e tradicional desde a idade média, esses termos aplicam-se à direção ou à ordem da argumentação, ou seja, os argumentos *a priori* vão das causas aos efeitos (do princípio à consequência, do antecedente ao consequente), e os argumentos *a posteriori*, vão dos efeitos às causas. Num outro sentido, esses termos aplicam-se aos momentos relativos à construção do conhecimento, em que a análise, ao responder pelo momento da descoberta, vem em primeiro lugar, *a priori*; e a síntese, vem depois, *a posteriori*. Para Alquié, Clerselier teria escolhido o primeiro sentido, o que diz respeito à direção da argumentação: a tradução diz que a análise "faz ver como os efeitos dependem das causas", ou seja, que a ordem de argumentação da análise, vai a partir dos efeitos na direção das causas, *a posteriori*. O que, ainda de acordo com Alquié, é um contra-senso e não uma tradução do latim que diz que a análise opera "como que *a priori*" (*tanquam a priori*). O mesmo ocorre com a síntese: se ela examina as causas por seus efeitos como quer o texto de Clerselier, como entender o latim quando diz que ela vai por uma via "como que procurada *a posteriori*" (*tanquam a posteriori quæsitam*)? Da mesma maneira, se tomarmos esses termos no segundo sentido, como momentos na construção do conhecimento, o original latino tem sentido, mas então, continua Alquié, a tradução

Capítulo I: A Ordem e o Método Geométrico em Descartes

francesa contém um contrassenso formal, já que toma os mesmos termos no primeiro sentido mencionado. Em nenhum dos casos, conclui Alquié, é possível conciliar a tradução de Clerselier e o original latino, quer tomemos os termos *a priori* e *a posteriori*, no primeiro ou no segundo sentido (*Apud* LOPARIC, 1991, p. 102-103).

Não obstante as conclusões de Alquié e o fato deste autor considerar controverso este trecho da tradução francesa de Clerselier [28], por estar ausente do original latino, Gilles Deleuze, em sua obra *Spinoza et le Problème de l'expression* (1985, p. 140-141), vai fundamentar o percurso analítico cartesiano, bem como a própria análise, na interpretação literal desse trecho da tradução de Clerselier. Para Deleuze, a opção analítica cartesiana só é possível porque a teoria do conhecimento em Descartes é fundada numa certa suficiência teórica da ideia clara e distinta. E esta suficiência fundamenta o método cartesiano por duas razões implícitas: a primeira, ao permitir que o conhecimento claro e distinto do efeito preceda o conhecimento claro e distinto da causa; ou, como escreve Deleuze: "[...] nós temos um conhecimento claro e distinto de um efeito, **antes** de ter um conhecimento claro e distinto da causa." (1985, p. 140, grifo do autor). E como exemplo, Deleuze acrescenta que "[...] eu sei que eu existo como ser pensante antes de conhecer a causa pelo qual eu existo." (*Ibid.*, p. 140).

É por esta razão que as *Méditations* iniciam-se[29] com o conhecimento confuso de um sujeito capaz de atos do pensamento (a dúvida enquanto ato do pensamento), ou de

---

[28] Segundo Ferdinand Alquié: "Este texto, que não existe na tradução francesa de Clerselier, suscita grandes dificuldades [...]" (*Apud* DELEUZE, 1985, Nota 1, p. 140).

um efeito. A dúvida, enquanto método, conduz esse conhecimento confuso inicial de um efeito ao conhecimento claro e distinto da causa, da origem dos atos do pensamento (ou da própria dúvida): o *cogito*. Por sua vez, este conhecimento claro e distinto de um efeito (eu, como autor dos meus atos de pensamento) implica também um conhecimento confuso de sua causa: Deus. Sem necessidade de um conhecimento mais perfeito da sua causa do que esta implicação inicial e confusa, apenas com o desenvolvimento e expansão deste conhecimento claro e distinto do efeito, posso chegar ao conhecimento claro e distinto de sua causa. É a segunda razão implícita: a aceitação da possibilidade prática de ir do conhecimento claro e distinto do efeito ao conhecimento claro e distinto da causa. Portanto, a análise mostra-nos como os efeitos dependem das causas, a partir da elucidação do conhecimento confuso da causa, implicado no conhecimento claro do efeito, mostrando que o efeito não seria o que conhecemos ser, se não tivesse tal causa da qual depende necessariamente.

1.3 O FUNDAMENTO DO MÉTODO

Em 1619 Descartes escreveu em suas *Cogitationes Privatæ*: [30] que "[...] estão em nós as sementes das ciências [...]" (AT-X, p. 217)[31]. Para Koyré, essas "sementes das ciências", ou "[...] 'ideias inatas', 'verdades eternas', 'verdadeiras e imutáveis naturezas', essências puramente

---

[29] Cf. *supra*, INTRODUÇÃO, *Descartes e a análise*.
[30] Este título não foi dado por Descartes. Na publicação deste fragmento, Foucher de Careil acrescentou-o no início. Como o fragmento era uma cópia encontrada entre os textos de Leibniz, fica a dúvida: o título é de Foucher ou de Leibniz? Esta última hipótese é a mais provável, em virtude da nota acrescentada a seguir por Foucher (AT-X, *Cogitationes privatæ*, Nota a, p. 213).

CAPÍTULO I: A Ordem e o Método Geométrico em Descartes

inteligíveis e inteiramente independentes da contribuição da percepção sensível [...]" (1986, p. 60), são os "[...] fundamentos seguros e sólidos [...] em que o homem poderá apoiar o seu juízo." (*Ibid.*, p. 61), uma vez que, das quatro faculdades que o homem pode utilizar para conhecer: o entendimento, a imaginação, os sentidos e a memória, somente o entendimento, desde que mantido dentro de seus limites, sem ser prejudicado, e sim ajudado pelas outras faculdades, é "capaz de perceber [*percipiendæ*] a verdade" (AT-X, *Regula* XII, p. 411).

Como vimos anteriormente, só há uma sabedoria humana pela qual se compreende que há um só entendimento; e, por conseguinte, uma só ciência, uma só certeza e um único método para alcançar a verdade em qualquer espécie de objeto. Ora, se estão em nós as sementes do conhecimento, se o entendimento é universal, pois todos os homens têm uma mente semelhante, se as demonstrações da Aritmética e da Geometria são modelos de certeza, ou de um conhecimento certo e evidente, há que se procurar uma Aritmética ou uma Geometria, ou ambas, universal, válida para todo entendimento humano. Donde o método cartesiano das *Regulæ* consistir na generalização da certeza matemática a todos os campos do conhecimento.

Descartes vai esforçar-se para generalizar o seu método, torná-lo independente de sua limitação original, estendendo a todos os ramos do conhecimento o que, em matemática, pode ser garantido de forma indubitável, visto a sua unidade derivar "[...] do fato de que os mesmos métodos – os métodos algébricos – se aplicarem em Geometria e em

---

[31] No original: "*sunt is nobis semina scientiæ*" (AT-X, *Cogitationes privatæ*, p. 217).

Aritmética ao número tal como ao espaço. Mesmos métodos: isso quer dizer mesmos passos do espírito." (KOYRÉ, 1986, p. 57). Para Alquié, trata-se de uma inédita universalização do estilo matemático; em suas próprias palavras: "O seu desejo de atingir em toda parte a certeza, leva-o, portanto, a considerar universal um método que, de fato, é de estilo matemático e nunca foi aplicado de forma rigorosa a não ser no domínio da quantidade." (1986, p. 24).

Entretanto, esta generalização do método matemático vai apresentar alguns problemas, seja em função de seu ineditismo, seja pelas características do próprio cartesianismo. Em primeiro lugar, aponta Cottingham, "[...] há uma disparidade radical entre a natureza dos objetos físicos e a natureza dos seres pensantes [...]" (1995, p. 41); e, em segundo lugar, "A exigência da indubitabilidade completa, que Descartes incorpora à sua concepção de *scientia*, parece colocar os critérios para o conhecimento científico em um nível impassivelmente alto." (*Ibid.*, p. 41-42).

Na base da primeira dificuldade da generalização do modelo matemático apontada por Cottingham, está a ambiguidade cartesiana acerca da substância, conforme a sua definição exposta no célebre artigo 51, da Parte I, dos *Principes de la Philosophie*[32] (AT-IX-2, *Première Partie*, p. 47), na qual Descartes afirma explicitamente que só Deus é substância, pois Ele é a única coisa que só tem necessidade de si própria para existir. Esta ambiguidade

---

[32] O título completo da primeira edição em Latim, publicada na Holanda em 1644, é *"Renati Des-Cartes Principia Philosophiæ"* (AT-VIII-1, *Avertissement*, p. XV); e o título completo da primeira edição francesa, traduzida pelo Abade Picot em 1647: *"Les Principes de la Philosophie, Escrits en Latim par René Descartes, et traduits en François par un de ses Amis."* (AT-IX-2, *Avertissement*, p. III).

Capítulo I: A Ordem e o Método Geométrico em Descartes

está refletida no dualismo substancial de Descartes, através do monismo e do pluralismo presentes nas considerações cartesianas acerca da substância corporal e da mente, respectivamente. Para Cottingham, no caso da substância corpórea, "[...] Descartes adota o ponto de vista monista: corpos individuais, tais como rochas, pedras e planetas, não são substâncias, mas, simplesmente, modificações da matéria extensa que está em toda parte." (1995, p. 56)[33]. E no que diz respeito às mentes, ainda segundo Cottingham, "[...] Descartes é um pluralista: cada mente individual humana é uma substância isolada e distinta." (*Ibid.*, p. 56)[34].

Quanto aos inatingíveis níveis dos critérios para o conhecimento científico, advindos da exigência de indubitabilidade completa, citada por Cottingham como a segunda dificuldade a ser superada na generalização do modelo matemático, podem ser evidenciados pelo posterior abandono por parte de Descartes, desse projeto da matemática universal, independente da metafísica, e a subsequente necessidade de utilização da dúvida enquanto método e da fundamentação metafísica e divina para o conhecimento claro e distinto, encontrados nas *Méditations*.

---

[33] Para fundamentar esta assertiva, Cottingham lança mão do artigo 4, da Parte II dos *Principes*, que é por ele citado como: "[...] *a natureza da matéria, ou do corpo considerado em geral* [corpus in universum spectatum] [...] *consiste unicamente em ser algo extenso em comprimento, largura e profundidade*" (1995, p. 44).

[34] Cottingham fundamenta esta assertiva no artigo 60, da Parte I dos *Principes*, que é por ele assim citado: "Pelo simples fato de que cada um de nós se entende como uma coisa pensante e é capaz, em pensamento, de afastar de si qualquer outra substância, seja ela pensante ou extensa, é certo que cada um de nós, sob este aspecto, se distingue de todas as outras substâncias pensantes [...]" (1995, p. 56).

Já Alquié, frente à extensão do método a todos os domínios da ciência, vai perguntar qual o fundamento desta generalização do método matemático a todos os objetos passíveis de serem conhecidos? E o próprio Alquié responde que esta extensão pode ser legitimada por duas ordens de consideração: "Podemos, em primeiro lugar, acreditar na unidade de método porque acreditamos na unidade da natureza, cuja ciência se trata de fazer. Neste caso, a unidade está nas coisas e é justamente porque o objeto a conhecer é um, que o método deve ser um." (1986, p. 24).

Esta primeira consideração pressupõe a unidade da *scientia*, postulada por Descartes na Regra I, ao deslocar a questão da multiplicidade dos objetos do conhecimento, para a unicidade do sujeito do conhecimento. Além disso, ao aceitarmos este fundamento da generalização da Matemática, devemos aceitar implicitamente que há uma ordem universal e única, conforme Descartes pressupõe na Regra IV. Donde, se há uma ordem que deve prevalecer, determinando o processo (e de acordo com a pressuposição anterior, nós vimos que há), esta deve ser a ordem da natureza, a ordem do real. Ora, Alquié, citando a passagem da Regra XII na qual Descartes afirma que "Cada coisa deve ser considerada de outra forma consoante nos referirmos à ordem do nosso conhecimento ou falarmos dela segundo a existência real." (*Apud* ALQUIÉ, 1986, p. 31 e AT-X, *Regula* XII, p. 418), vai afirmar que nosso autor está reconhecendo "[...] o caráter artificial de sua ordem." (1986, p. 31). De nossa parte, acrescentamos a esta passagem citada por Alquié o trecho da Regra VII no qual Descartes afirma explicitamente o caráter arbitrário da ordem a ser adotada: "Quanto à ordem de enumeração

CAPÍTULO I: A Ordem e o Método Geométrico em Descartes

das coisas, pode geralmente variar e **depende do arbítrio** de cada um [...]" (AT-X, *Regula* VII, p. 391, grifo nosso). E acrescentamos ainda a seguinte passagem do *Discours*, em que pode ser intervisto o mesmo caráter arbitrário da ordem: "[...] inclusive, **pressupondo** uma ordem entre os que não se precedem naturalmente uns aos outros." (AT-VI, *Discours*, p. 18-19, grifo nosso).

O próprio Alquié vai negar esta consideração, argumentando que Descartes, no período mais provável em que as *Regulæ* foram escritas, o ano de 1628, ainda não considerava "[...] o problema da unidade real da natureza." (1986, p. 24). A unidade da ciência, em meio à multiplicidade de seus objetos, baseia-se na unidade do entendimento humano e não na das coisas, ou seja, na relação entre o sujeito que conhece e os objetos a serem conhecidos, é o entendimento conhecedor que vai dar unidade às coisas. E Alquié conclui: "A 'matemática universal' não está, portanto, subordinada a uma ontologia monista [...]" (1986, p. 24), afirmando que a "[...] unidade das ciências tem como condição suficiente a simples unidade do espírito conhecedor." (*Ibid.*, p. 25), baseado na afirmativa cartesiana na Regra I de que "É preciso acreditar que todas as ciências estão de tal modo conexas entre si que é muitíssimo mais fácil aprendê-las todas ao mesmo tempo do que separar uma só que seja das outras." (AT-X, *Regula* I, p. 361).

Negada a primeira consideração, resta tão somente a segunda: "Descartes assenta antes de mais nada a unidade do seu método na identidade do espírito humano que, sendo sempre o mesmo, deve sempre raciocinar da mesma maneira." (ALQUIÉ, 1986, p. 25). Alquié apoia esta consideração em certezas análogas às da Matemática, pois é possível estender-se a validade dessas regras, tendo em vista que o "[...] espírito, que constrói toda a ciência, é uno, e parece desde logo poder encontrar, em todo os domínios que lhe são acessíveis, certezas análogas." (*Ibid.*, p. 27). Mas, a ciência só será ciência verdadeira se for ciência do real. Ora, segundo Alquié, "[...] os critérios de verdade invocados nas *Regulæ* são sempre relativos ao sujeito do conhecimento." (*Ibid.*, p. 29). Portanto, conclui Alquié pela impossibilidade das *Regulæ* fornecerem este critério de verdade, exigindo posteriormente uma Metafísica que "[...] instaura ela própria um conhecimento subjetivamente definido." (*Ibid.*, p. 32).

Já Gueroult vai fundamentar a extensão do método matemático a todos os ramos do conhecimento, pela afirmação da *unidade do sistema* cartesiano e *da indivisibilidade da verdade* (1991, v.1, p. 15-19). Estas afirmativas, uma vez demonstradas, implicariam necessariamente que a ordem presente no sistema de Descartes seja intrínseca, isto é, uma ordem constitutiva inerente ao próprio sistema. Com efeito, se o sistema não se constitui pela ordem das matérias, ou seja, pela ordem de acréscimo dos conhecimentos, externa ao próprio sistema, é forçoso admitir que sua ordem constitutiva seja interna. No dizer de Gueroult: "Esta totalidade do sistema não é absolutamente a de uma enciclopédia de conhecimentos materiais efetivamente adquiridos, mas a unidade fundamental dos **princípios** primeiros da qual decorrem todos os conhecimentos certos possíveis" (*Ibid.*, p. 18, grifo nosso), o que os *princípios* são os pontos de partida claros e imediatamente evidentes para a investigação, assim como, por exemplo, o *cogito*.

Capítulo I: A Ordem e o Método Geométrico em Descartes

Gueroult vai fundamentar a assertiva anterior escrevendo que há em Descartes uma ideia seminal inspirativa de todo o seu empreendimento filosófico e expressa nas *Regulæ*, desde 1628, a ideia de que "[...] o conhecimento tem limites intransponíveis, fundados sobre os limites de nosso entendimento, mas, que no interior desses limites, a certeza é completa" (1991, v. 1, p. 15). O que está em questão são os limites de nosso entendimento e não a possibilidade da certeza, ou seja, Gueroult está subordinando "[...] todo empreendimento filosófico à determinação do poder de nosso entendimento e de seus limites" (*Ibid.*, p. 15-16). Donde, segundo Gueroult, decorre "[...] uma dupla exigência: filosófica, por um lado, é necessário determinar os limites de nosso entendimento; metodológica, por outro lado, é necessário duvidar previamente de tudo, mas, sem que se duvide de modo algum de nosso entendimento." (*Ibid.*, p. 15-16).

1.3.1 A tese do modelo euclidiano

Uma vez demonstrada a tese da *unidade do sistema* e da *indivisibilidade da verdade*, Gueroult vai afirmar como ordem constitutiva inerente ao sistema, a "ordem primária", citando explicitamente a definição cartesiana de ordem das *Secondes Réponses*, "[...] que as coisas que são propostas primeiro devem ser conhecidas sem a ajuda das seguintes, e que as seguintes devem ser dispostas de tal forma que elas sejam demonstradas unicamente pelas coisas que as precedem." (AT-IX-1, *Secondes Réponses*, p. 121). E, considerando que o método geométrico de Euclides consiste tão somente nesta "ordem primária", vai considerá-la como o novo modelo a ser seguido em Filosofia, em substituição à ordem das matérias, ou à divisão em capítulos, escrevendo: "O modelo que seguirá a Filosofia não será mais o *Tratado de Filosofia* dividido em capítulos, ou a *Suma*, com suas questões e seus artigos, mas *os Elementos de Euclides*." (1991, v. 1, p. 20).

Como "O bloco de certeza se constitui pelo encadeamento das verdades segundo a ordem [...]" (1991, v. 1, p. 20), e esta ordem, como vimos, é considerada como o modelo euclidiano, não é de estranhar que nas suas *Conclusions* Gueroult escreva que "As *Seis Méditations* não são mais do que a réplica metafísica dos *Quinze Livros dos Elementos* de Euclides." (1991, v. 2, 288), afirmando como a única diferença entre as *Méditations* e os *Elementos* o fato de que as noções das quais as primeiras tratam contrariam a imaginação, enquanto que os conceitos dos segundos se apoiam sobre ela (*Ibid.*, v. 2, p. 288), ou seja, a diferença entre os textos fundamenta-se na possibilidade de os objetos da Metafísica não poderem ser imaginados, enquanto que os da Geometria, em sua maioria, devem ser necessariamente imaginados. Além disso, citando o artigo 64, da Parte II dos *Principes* (AT-IX-2, *Seconde Partie*, p. 101-102), Gueroult acrescenta que as demonstrações de Descartes "[...] procedem sempre no espírito que anima Euclides, Apolônio, e Arquimedes; elas só podem ser compreendidas por aqueles que têm compreendido o sentido das demonstrações matemáticas [35]." (1991, v. 2, p. 288).

1.3.2 A negação da tese do modelo euclidiano

Loparic afirma que Descartes não utiliza o método euclidiano, e refuta essa afirmativa de Gueroult das passagens anteriormente citadas, afirmando que "Essa concepção de Gueroult é claramente insustentável [...]"

---

[35] Gueroult introduz aqui uma Nota que remete ao artigo 64, da Parte II dos *Principes* (1991, v. 2, Nota 13, p. 288).

Capítulo I: A Ordem e o Método Geométrico em Descartes

(1991, p. 95), pois, "Se de um lado, não há dúvida possível de que o método utilizado por Descartes nas *Meditações* é de fato o **método analítico**, de outro lado, todos os historiadores da matemática concordam em dizer que o **método** utilizado por Euclides é **sintético**." (*Ibid.*, p. 95, grifo nosso), acrescentando que "[...] o **método analítico** foi amplamente utilizado pelos geômetras gregos. Mas não por Euclides nos seus *Elementos*." (*Ibid.*, p. 95, grifo nosso). E Loparic conclui afirmando que "[...] Gueroult deve estar enganado sobre a natureza do método seguido por Descartes na sua obra máxima." (*Ibid.*, p. 95).

A rigor, como já assinalamos, tanto Gueroult quanto Loparic confundem ordem e método. Gueroult, que anteriormente confundiu as ordens primária e secundária, e, ignorando a "ordem primária", reduziu o método cartesiano à "ordem secundária", está agora, neste caso, ignorando a "ordem secundária", ao afirmar que a característica euclidiana presente no método empregado por Descartes é a "ordem primária". E mais: está reduzindo o método de Euclides a esta ordem, desconsiderando que a "ordem primária" apenas caracteriza o método como geométrico; o que vai caracterizá-lo como euclidiano ou não é a "ordem secundária".

Ademais, em sua afirmativa da semelhança entre o método cartesiano e o método de Euclides, Gueroult vai generalizar uma afirmativa cartesiana, que entendemos como específica para a Física, ou ao menos para os fenômenos naturais, considerando-a válida para uso em Metafísica. Trata-se da citação referente ao artigo 64, da Parte II dos *Principes*, cujo título é: "Na Física só aceito princípios que também tenham sido aceitos na Matemática, de modo a poder provar por demonstrações tudo quanto deduzirei, e estes princípios são suficientes para explicar por este processo todos os fenômenos da natureza." (AT-IX-2, *Seconde Partie*, p. 101).

 Quanto a Loparic, como vimos, afirma claramente que são dois os métodos: o método analítico e o método sintético. Ora, se são dois os métodos, e se os Geômetras gregos utilizavam o método analítico e Euclides utilizava o método sintético, pode-se concluir que o elemento diferencial do método é a "ordem secundária", ou seja, há o método geométrico analítico e o método geométrico sintético. E o elemento comum ao método empregado pelos Geômetras gregos e por Euclides, o que os faz serem ambos métodos geométricos, é a "ordem primária". Donde poder-se concluir com Loparic que o método utilizado por Descartes pode ser geométrico, pois tem a "ordem primária" e é analítico, mas nunca poderá ser euclidiano.

Capítulo II:
O Método Geométrico de Spinoza

Neste capítulo iremos descrever as perspectivas referentes ao método geométrico como forma de demonstração em Filosofia, assumida por alguns dos principais comentadores de Spinoza, que nós poderíamos chamar de "clássicos", como por exemplo, Victor Delbos, Martial Gueroult e Harry Austryn Wolfson, dentre outros. Abordaremos também os principais aspectos acerca do método geométrico em Spinoza, suas possíveis filiações, bem como as relações entre o método e o sistema spinozista. Nessas relações, uma das questões que consideraremos com mais ênfase é a do estatuto do método, ou seja, o método empregado por Spinoza é necessário à *Ética* ou ela poderia ter sido escrita de outra forma? Ou conforme postula Wolfson: é o método apenas uma feição literária adotada por Spinoza sem nenhuma relação com o conteúdo da obra? Ou o método é parte intrínseca da *Ética*, e o sistema spinozista não poderia ter sido exposto de outra forma?

2.1 As origens do Método Geométrico

Francis Kaplan afirma em seu livro *L'Éthique de Spinoza et la Méthode Géométrique*[1] que "O método

---

[1] O subtítulo da *Ética* adotado por Kaplan é "*Éthique démontrée selon la méthode géométrique*". Pela referência bibliográfica por ele fornecida na Nota 2, na página 11, o texto base utilizado como referência para as obras de Spinoza foi o das *Œuvres Complètes,* da *Bibliothèque de La Pléiade*. Como fica claro pela Nota 1 referente à página 309 desta edição (*Édition de la Pléiade*, p. 1419), a opção pelos termos *Méthode Géométrique* no subtítulo da *Ética*, baseia-se na interpretação dos tradutores de que os termos *Ordine Geometrico* presentes no subtítulo da *Ethica* da *Opera Posthuma* (*OP*) são empregados por Descartes, e, portanto, mais pertinentes a este autor do que a Spinoza. Esta não é a nossa interpretação, como veremos mais à frente. Para nós, Spinoza fazia distinção entre o *More Geometrico Demonstrata* e o *Ordine Geometrico Demonstrata*.

geométrico é incontestavelmente a *originalidade* mais aparente dessas duas obras [PPC e a *Ética*] – e em particular da *Ética*." (1998, p. 9, grifo nosso). Entretanto, se podemos afirmar como inconteste que a redação *more geometrico* é a característica mais relevante da *Ética*, bem como do PPC, não podemos, com a mesma incontestabilidade, afirmar a originalidade no emprego por parte de Spinoza do método geométrico.

Com efeito, Jacqueline Lagrée, sem fazer referência às obras dos autores citados, escreve: "A utilização do *mos geometricus* para dizer o real tem antecedentes em Proclo, Duns Scoto, Geulincx e Descartes, entre outros." (*Apud* FERREIRA, 1997, Nota 7, p. 326).

Ignace Myslicki apresenta a hipótese de que o pensador do século XVII Jan Jonston (também chamado de Jean de Szamotuly), autor do livro denominado *Naturæ Constantia* e publicado em Amsterdã em 1632, tenha exercido influência sobre Spinoza, não só sobre a sua Filosofia, mas também sobre o uso do método geométrico em escritos filosóficos. Como primeiro argumento, Myslicki aduz a conclusão da comparação que fez dos temas tratados no texto de Jonston, com os temas tratados nas obras de Spinoza, escrevendo que os dois autores têm em comum o "Mesmo problema, mesmo método, mesma atitude filosófica a respeito da concepção teológica e, enfim, mesmo naturalismo." (1921, p. 155). Como argumento para a condição de Jonston como precursor de Spinoza no uso do método geométrico em Filosofia, influenciando-o, Myslicki escreve: "A obra [*Naturæ Constantia*] não contém tábua de matérias, pela simples razão que ela não está dividida em capítulos. Ela foi de alguma forma composta *ordine geometrico*, para

CAPÍTULO II: O MÉTODO GEOMÉTRICO DE SPINOZA

empregar a expressão de De [sic] Spinoza [...]" (Ibid., p. 118-119). Mas, Myslicki não se restringe a afirmar, ele busca evidenciar o caráter geométrico do texto de Jonston, ressaltando em sua descrição deste, que logo no início do texto "[...] se encontra a *Thesis generalis*, depois se sucedem as *Propositiones*, cada uma acompanhada de sua demonstração." (Ibid., p. 119).

Excetuando a composição geométrica do texto de Jonston, os dois argumentos que fundamentam a hipótese de Ignace Myslicki acerca da influência exercida por Jonston sobre Spinoza, tanto a semelhança entre os temas tratados pelos dois autores quanto à influência sobre Spinoza no uso do método geométrico em Filosofia, baseiam-se na suposição de que Spinoza tenha conhecido o livro *Naturæ Constantia*. Uma vez demonstrada esta suposição, está demonstrada a hipótese. Neste caso, pode-se afirmar que há efetivamente uma relação entre os temas tratados por Jonston e por Spinoza, e este foi influenciado por aquele, e a semelhança não seria apenas uma coincidência. Do mesmo modo, seria perfeitamente possível a influência de Jonston, como precursor na aplicação do método geométrico em Filosofia, sobre o uso do método geométrico por Spinoza.

Por outro lado, uma vez refutada esta suposição, está refutada a hipótese. Como contrário à suposição, temos o fato de que Spinoza não possuía o livro de Jonston em sua biblioteca; ou, ao menos, ele não está relacionado no inventário dos livros encontrados na biblioteca de Spinoza após sua morte. (DOMÍNGUEZ, 1995, p. 203-220). Todavia, este fato por si só não é suficiente para refutarmos a suposição. Pierre-François Moreau, num texto semelhante ao de Myslicki, acerca da relação entre Spinoza e Huarte de San Juan, afirma "A ausência de um livro de uma biblioteca *não é uma prova*. No século XVII, os livros eram caros, e se lêem alguns que não se tem na própria biblioteca. [...]" (1994, p.155-156, grifo nosso). No caso de Spinoza, sabemos de suas condições financeiras e de como era muito moderado e parcimonioso no uso de seus recursos, através de seus biógrafos, como por exemplo, Colerus[2]. Além disto, Moreau cita uma carta[3] de Spinoza a Henry Oldenburg, na qual ele escreve logo no início: "*O Mundo Subterrâneo* de Kircher, eu vi na casa do Senhor Huygens, [...]". (Ep30, SPINOZA-DOMÍNGUEZ, 1988a, p. 228).

Para Luís Machado de Abreu, "Não foi ele [Spinoza] o primeiro a lembrar-se de expor a filosofia à maneira de geometria, mas a insistência e o rigor com que o faz na *Ética*, fazem dele um caso verdadeiramente singular." (1993, p. 152). Como anterior a Spinoza no uso da geometria, Abreu cita a obra *Docta Ignoranti* [4], de

---

[2] Conforme *A Vida de Spinoza*, por Jean Colerus.

[3] Trata-se da Carta 30, a Henry Oldenburg. Segundo Atilano Domínguez, atualmente existem dois fragmentos desta carta: o primeiro, não incluído na edição de Gebhardt, está transcrito na carta de Oldenburg a Sir Robert Moray; o segundo, já incluído em Gebhardt e outras edições, foi transcrito também por Oldenburg numa carta a R. Boyle. O texto citado por nós é do primeiro fragmento. (1995, Nota 206, p. 228).

[4] "*Hac veterum via incedentes cum ipsis concurrentes dicimus, cum ad divina non nisi per symbola accedendi nobis via pateat, quod tunc mathematicalibus signis propter ipsorum incorruptibilem certitudinem convenientius uti poterimus.*"
Tradução: "Seguindo este caminho dos antigos e indo ao encontro deles, dizemos que como a via de acesso às coisas divinas não se nos abre senão através de símbolos, poderíamos usar com vantagem os signos matemáticos por causa da sua certeza incorruptível." (*Apud* ABREU, 1993, Nota 98, p. 172).

Capítulo II: O Método Geométrico de Spinoza

Nicolau de Cusa, que, "[...] recolhendo os ensinamentos de uma longa e rica tradição, valorizou a utilização dos signos matemáticos, especialmente as figuras geométricas [...]" (*Ibid.*, Nota 98, p. 172). Contudo, Abreu não deixa de ressaltar o abismo que há entre os dois autores, quanto a dois pontos fundamentais: o uso simbólico das figuras da geometria, como a única maneira de tornar visível para nós as realidades transcendentes, e a completa ausência da ideia de método sintético, em que tudo pode ser deduzido a partir de definições e axiomas[5].

Victor Delbos escreve que "[...] a ideia de a adotar [a forma geométrica] para temas filosóficos não era nova, e L. Meyer o reconhece no seu *Prefácio* aos *Principes de la Philosophie cartésienne*." (1987, p. 206-207; 2002, p. 209-210)[6]. De fato, Delbos cita cronologicamente os predecessores

---

[5] "Há no entanto um abismo entre Nicolau de Cusa e Spinoza na utilização da geometria quanto a dois pontos fundamentais. Em primeiro lugar, as figuras da geometria têm em Cusa valor meramente simbólico, para significar as realidades transcendentes e tornar visível o que, de outro modo, é invisível para nós. Em segundo lugar, está completamente ausente a ideia de método sintético em que tudo se deduz a partir de axiomas e definições" (ABREU, 1993, Nota 98, p. 172).

[6] "*Non defuere tamen aliqui, qui ab his seorsim seserunt, [...], ab ista communi, & ab omnibus trita scientias tradenti via recesserunt, ac novam eamque sane arduam multisque difficultatibus scatentem ingressi sunt, ut reliquas, ultra Mathesin, Philosophiae partes Methodo, atque certitudine mathematica demonstratas posteritati relinquerent.*" (PPCPref, SPINOZA-GEBHARDT, 1972, v. 1 [SO1], p. 128).
Tradução: "Não faltaram alguns homens que tenham pensado de forma distinta e, [...] se apartaram deste método habitual, seguido por todos, de expressar as ciências, e empreenderam outro novo, sem dúvida muito árduo e semeado de dificuldades, a fim de transmitir à posteridade as outras partes da filosofia, além das matemáticas, demonstradas com método e certeza matemáticos."

de Spinoza no uso da forma geométrica. Entre os antigos, o pensador já citado por Jacqueline Lagrée, Proclo, que, em sua obra *Institutio Theologica*, apresenta seus pensamentos filosóficos quase como teoremas seguidos de demonstrações e corolários; no século XIII, Alain de Lille, o *Doutor Universal*, com sua obra *De Arte Fidei Catholicæ*, com definições, postulados e axiomas para deduzir matematicamente suas teses; da mesma maneira, no século XIV, Thomas Bradwardine [7]; no século XVI, Languet [8] e Henning tinham reclamado a aplicação do método geométrico no exame de questões políticas. Contudo, acrescenta Delbos, estes foram ignorados por Spinoza, com exceção de Descartes, também mencionado por Lagrée, com sua obra *Abrégé Géométrique* das *Réponses aux Secondes Objections*, "[...] pela influência que tinha sobre ele por sua certeza eminentemente objetiva e impessoal a ciência matemática [...]" (*Ibid.*, p. 207). De resto, um discípulo independente de Descartes, Geulincx [9], também citado por Lagrée, em sua obra de 1663, *Methodus Invenienti Argumenta*, aplicou o método dos geômetras. (*Ibid.*, p. 207).

---

[7] Delbos não cita qual a obra de Bradwardine. Mas, segundo Pierre Duhem, dentre os escritos de Bradwardine mais lidos, os que são citados com mais frequência, talvez esteja em primeiro plano, o *Traité des Proportions* (1984, p. 296). De nossa parte, podemos citar o texto *Geometria Speculativa a Petro Sanchez Ciruelo Revisa*, no qual podemos ler na primeira página: *Breve Copendium* [sic] *Artis Geometrie*, que em seu subtítulo remete ao livro de Euclides. (BRADWARDINUS CANTUARIENSIS, 1495).

[8] Hubert Languet foi o autor da obra política *Vindicæ Contra Tyrannos*.

[9] Delbos escreve *Geulinx*. Adotamos a grafia *Geulincx*, conforme escreve Ferreira (1997, Nota 7, p. 326).

Capítulo II: O Método Geométrico de Spinoza

Martial Gueroult afirma que "Expor a filosofia *more geometrico*, o empreendimento não tem em si nada de original. Ele já foi tentado muitas vezes ao curso dos precedentes séculos, [...]" (1997, v. 2, p. 480), e nem mesmo a ideia é nova, pois o uso da geometria em filosofia, "[...] é uma antiga opinião que, como escreve Marsile Ficin, em sua obra *Theologia Platonica*, 'a natureza, pensamento divino, produz as coisas segundo as razões, como o espírito do geômetra fabrica dele mesmo suas figuras'." (*Ibid.*, p. 480).

Harry Austryn Wolfson afirma que, à exceção da forma poética, adotada por filósofos como Parmênides ou Giordano Bruno, por exemplo, Spinoza fez uso em suas obras de "[...] cada uma das formas literárias nas quais a Filosofia foi escrita no curso de sua história." (1999, p. 46[10]), inclusive ao método de demonstração geométrico. Este método, segundo Wolfson, é assim chamado porque "[...] ele é empregado por Euclides em sua obra de Geometria [...]" (*Ibid.*, p. 47).

Wolfson descreve o método geométrico como constando de quatro partes: "Primeiramente, as verdades fundamentais, que formam as premissas nas demonstrações, são reunidas juntas e dispostas à parte enquanto primeiros princípios sobre os quais as demonstrações repousam, e elas se dividem em definições, postulados e axiomas ou noções comuns."

---

[10] Ainda que seja usual citar o texto de Wolfson pela numeração das páginas da edição estadunidense em dois volumes, optamos por citar a numeração das páginas da tradução francesa em volume único por nós utilizada. Ademais, a tradução traz na lateral de cada página, entre colchetes, o número da página correspondente da edição estadunidense.

(1999, p. 47). Em segundo lugar, "[...] o que se procura demonstrar, isto é a conclusão que deve ser estabelecida pela demonstração, é resumida independentemente da demonstração sob a forma de uma proposição" (*Ibid.*, p. 47). Em terceiro lugar, "[...] a própria demonstração discorre procedendo do conhecido, a saber, os primeiros princípios, ao desconhecido, a saber, a conclusão." (*Ibid.*, p. 47). Por último, "[...] as deduções, explicações e proposições suplementares são fornecidas sob a forma de corolários, de escólios e de lemas." (*Ibid.*, p. 47).

Dentre os predecessores de Spinoza que também fizeram uso da demonstração geométrica em filosofia, ao contrário dos comentadores citados anteriormente, Wolfson vai fazer distinção entre aqueles que a utilizaram totalmente ou parcialmente (1999, p. 47). Aqueles que a utilizaram totalmente são os pensadores cujos escritos são considerados por Wolfson como "[...] uma evidente imitação de Euclides, [...]" (*Ibid.*, p. 49), pois contém "[...] **primeiros princípios** sobre os quais a demonstração se articula [...]" (*Ibid.*, p. 49, grifo nosso) e "[...] uma **série de proposições**, por vezes mesmo designadas pelos termos euclidianos de definições, postulados, e axiomas ou noções comuns." (*Ibid.*, p. 49, grifo nosso).

Como exemplo de utilização plena do método geométrico, Wolfson cita Maimônides, que em sua obra *Moreh Nebukim* (*Le Guide des Égarés*), no início da segunda parte, introduz na sua reformulação das provas aristotélicas da existência de Deus, uma série de vinte e seis proposições, sobre as quais as provas repousam, que possuem o mesmo estatuto dos primeiros princípios de Euclides, a despeito de serem elas também passíveis de demonstração (1999, p. 49). Anterior a Maimônides, Wolfson cita também Bahya Ibn Pakuda, com a obra *Hobot ha-Lebabot*, que em sua prova não aristotélica da existência de Deus introduz de forma análoga a Maimônides três proposições, também sujeitas à demonstração, e também utilizadas da mesma maneira que os primeiros princípios de Euclides (*Ibid.*, p. 49). Além destes, um contemporâneo de Maimônides, também citado por Delbos, Alain de Lille ou Nicolas d'Amiens, que "[...] segue o mesmo método e dá indicação ainda mais clara que segue conscientemente o método geométrico." (*Ibid.*, p. 49), em sua obra *De Arte seu Articulis Catholicæ Fidei* [11], antes de abordar sua principal tarefa, "[...] que consiste numa série de proposições, cada uma seguida de uma demonstração sob a forma de silogismo [...]" (*Ibid.*, p. 50), tem como "[...] *Prólogo* um certo número de definições [*descriptiones*], de postulados [*petitiones*], e de axiomas [*communes animi conceptiones*], tão bem que o livro inteiro reivindica plenamente a forma geométrica." (*Ibid.*, p. 50). É com ênfase que Wolfson vai citar como exemplo de uso da forma geométrica completa a obra *Liber de Trinitate*, "Uma forma geométrica completa é igualmente utilizada [...]" (*Ibid.*, p. 50), cuja autoria é "[...] falsamente atribuída a Alain de Lille (Alanus de Insulis)." (*Ibid.*, p. 50). Por fim, mantendo a ênfase anterior, Boécio, que em seu *Prefácio* ao *Liber de Hebdomadibus*, "[...] recomenda categoricamente a adoção do método matemático nos outros ramos do

---

[11] É o mesmo Alain de Lille, ou *Doutor Universal*, citado por Victor Delbos. Wolfson cita o nome completo de sua obra.

saber." (*Ibid.*, p. 50)[12]. Thomas Bradwardine, citado por Delbos, só será mencionado por Wolfson em uma referência bibliográfica sobre ele (e não de sua obra), em nota de pé de página, como exemplo de autor que utiliza um método geométrico parcial (*Ibid.*, Nota 4, p. 50).

Quanto aos predecessores de Spinoza que aplicaram parcialmente o método geométrico em seus escritos filosóficos, Wolfson vai agrupá-los em dois gêneros distintos, conforme foi utilizado o método geométrico em suas obras. Assim, pertencem ao primeiro gênero aqueles pensadores em cujos escritos ocorre "A redução de teorias filosóficas à forma de proposições, as quais podem ser seguidas ou não de demonstrações, [...]" (1999, p. 47). Ao segundo gênero pertencem aqueles que identificam a forma silogística de demonstração com a forma geométrica euclidiana, ou ainda, aqueles que transformam uma na outra (*Ibid.*, p. 48).

---

[12] Wolfson introduz, após a citação de Boécio (que fecha o parágrafo), uma nota de pé de página (número 4), com a referência bibliográfica dos autores imediatamente citados (Alanus de Insulis e Boécio). Após esta referência, nesta mesma nota, estranhamente escreve: "Para outros exemplos de tentativas de aplicação do método geométrico à Filosofia, para a maior parte do **tipo descrita aqui como adotando um método geométrico parcial**, ver S. Hahn, Thomas Bradwardinus, Münster, 1905, pp. 13-14." (1999, Nota 4, p. 50, grifo nosso). Ora, neste parágrafo (que começa na página 49), Wolfson citou os autores e as obras que utilizam o **método geométrico totalmente**.
Texto original: "*Pour d'autres exemples de tentatives d'application de la méthode géométrique à la philosophie, pour la plupart du type décrit ici comme adoptant une méthode géométrique partielle, voir S. Hahn, Thomas Bradwardinus, Münster, 1905, pp. 13-14.*" (WOLFSON, 1999, Nota 4, p. 50).

Capítulo II: O Método Geométrico de Spinoza

Wolfson cita como exemplo do primeiro gênero, Proclo, com a obra *Sententiæ ad Intelligibilia Ducentes*[13] e *Institutio Theologica* (já citada por Delbos); quase todos os manuais de Filosofia da Idade Média; Duns Scoto, já mencionado por Lagrée, com sua obra *Theoremata* e Franco Burgersdijck, com a obra *Institutiones Logicæ* (1999, p. 47). Giordano Bruno, em seu texto *De Immenso*, quando resume as conclusões de sua doutrina da unidade e da simplicidade de Deus em uma série de proposições, é considerado por Wolfson como "[...] uma imitação desta forma parcial de método geométrico [...]" (*Ibid.*, p. 47). Por fim, Wolfson cita Maimônides com o texto (*Moreh Nebukim*), referindo-se às vinte e seis proposições do início da segunda parte, como exemplo de aplicação parcial do método geométrico em Filosofia Judaica (*Ibid.*, p. 48). Estranhamente, esta mesma obra e esta mesma passagem, será novamente citada por Wolfson, mas desta vez como um exemplo de aplicação total do método geométrico em Filosofia (*Ibid.*, p. 49).

Como exemplo do segundo gênero de aplicação parcial do método geométrico em Filosofia, Wolfson cita Crescas, que identifica a forma silogística de demonstração aristotélica com a forma geométrica de Euclides, ao reformular o primeiro argumento de Aristóteles contra a existência do vácuo, de natureza

---

[13] Conforme o texto original: "*On en trouve l'illustration dans les* Sententiæ ad Intelligibilia Ducentes *et les* Institutio Theologica *de Proclus, et aussi dans presque tous les manuels de philosophie du Moyen Âge.*" (WOLFSON, 1999, p. 47). A obra *Sententiæ...* é na verdade de Porfírio e não de Proclo, como o texto parece indicar. No *Index des Références*, incluído no final do livro, este texto está creditado a Porfírio (*Ibid.*, p. 728).

silogística, sob a forma de silogismo hipotético/disjuntivo, que termina em Crescas, assim como em Averróis, pelo equivalente da expressão euclidiana *quod erat demonstrandum* (1999, p. 48). Reciprocamente, Crescas reduz à forma silogística a reformulação de Averróis sob a forma de demonstração geométrica, dos argumentos de Aristóteles contra a existência de corpos infinitos animados de um movimento circular (*De Cælo*), que foram redigidos sob a forma de demonstração geométrica (*Ibid.*, p. 48-49). Do mesmo modo, Wolfson cita Avicena, que utiliza a mesma expressão euclidiana após a "[...] conclusão de alguns de seus argumentos silogísticos." (*Ibid.*, p. 47). Por último, Wolfson cita Saadia, que na *Introdução* de sua obra, *Emunot we-De'ot*, indica claramente a identificação do método silogístico de argumentação com o método geométrico, ao descrever as conclusões a que chegou pelo raciocínio demonstrativo, como sendo "[...] geometricamente demonstradas." (*Ibid.*, p. 49).

Kaplan vai analisar a pertinência dos escritos dos pensadores citados por Delbos e Wolfson, como precursores de Spinoza no uso do método geométrico em Filosofia. Dentre os autores citados por Delbos, Kaplan vai dividi-los em dois grupos: no primeiro grupo estão os autores que Delbos cita como tendo aplicado o método geométrico em Filosofia e no segundo grupo, estão os autores que "[...] não aplicaram o método geométrico, mas se limitaram a recomendar sua aplicação à Filosofia [...]" (1998, p. 20). No primeiro grupo estão Proclo, com seu *Institutio Théologica*[14], Alain de Lille com *De Arte seu articulis Catholicæ Fidei*[15], Geulincx com *Methodus*

---
[14] Delbos escreve *Theologica*, sem o acento agudo.
[15] Delbos escreve *De Arte Fidei Catholicæ*.

Capítulo II: O Método Geométrico de Spinoza

Invenienti Argumenta e Descartes com o *Abrégé géométrique* das *Réponses aux Secondes Objections*. Thomas Bradwardine, que por ter sido citado por Delbos como semelhante a Alain de Lille, e por conseguinte, deveria ser incluído neste primeiro grupo, não é mencionado por Kaplan. Dentre os autores do segundo grupo, estão Languet e Henning, no século XVI e os autores das *Secondes Objections*, os Teólogos e Filósofos reunidos por Mersenne.

Dentre os autores citados por Wolfson, Kaplan cita Porfírio com sua obra *Sententæ ad Intelligibilia Ducentes*[16], Duns Scoto com sua *Theoremata*, a obra *Liber de Trinitate*, atribuída falsamente a Alain de Lille, Franco Burgersdijck, com a obra *Institutiones Logicæ*, Giordano Bruno, com seu texto *De Immenso*, Maimônides com as vinte e seis proposições colocadas no início da segunda parte de sua obra *Guide des Égarés*[17], Crescas, com sua exposição do primeiro argumento de Aristóteles contra a existência do vácuo e Bahya Ibn Pakuda com sua prova da existência de Deus.

Dentre os autores citados por Wolfson como exemplo de um gênero de aplicação parcial do método geométrico em Filosofia, encontramos Averróis e Crescas, que apenas utilizam ao término de seus escritos uma expressão equivalente aos termos euclidianos *quod erat demonstrandum*; ou Avicena que efetivamente utiliza esta expressão euclidiana; ou ainda, Saadia que afirma serem as suas conclusões obtidas por raciocínio demonstrativo,

---

[16] Cf. *supra*, Nota 13.
[17] Conforme a edição que consultamos (vide *Referências Bibliográficas*), o nome completo seria **Le** *Guide des Égarés* (com o artigo).

geometricamente demonstradas, somente Crescas é mencionado e refutado nominalmente por Kaplan. Aos que não foram mencionados por Kaplan, devemos acrescentar o nome do pensador Boécio, citado por Wolfson no final de um parágrafo no qual tratava dos autores cuja aplicação do método considerava total, e na sequência incluído por Wolfson entre os que aplicaram o método geométrico parcialmente[18]. A rigor, Boécio não aplica o método, nem totalmente e nem parcialmente, ele apenas o recomenda.

Entretanto, ainda que de forma indireta, estes autores não deixam de ser levados em consideração, pois Kaplan vai negar a eles, em conjunto, a condição de precursores de Spinoza no uso do método geométrico em Filosofia, com o argumento de que não se pode ter "[...] uma forma parcial do método geométrico, não mais do que uma estátua pode ser parcialmente equestre ou uma mulher pode estar parcialmente grávida." (1998, p. 20), ou seja, para Kaplan não há meio termo, ou é aplicado um método geométrico ou é aplicado um método não-geométrico.

Ao contrário de Wolfson, Kaplan será mais rigoroso ao classificar um método como geométrico ou não-geométrico. Enquanto Wolfson considera como geométrico qualquer método que seja minimamente semelhante ao de Euclides, Kaplan só irá considerar como geométrico o método que, necessariamente, satisfizer todas as quatro condições, a saber: (1) devem ser postas logo ao início, as definições e os axiomas evidentes, ou seja, que não necessitam de demonstração; (2) e utilizando somente estas definições e estes axiomas, (3)

---
[18] Cf. *supra*, Nota 12.

Capítulo II: O Método Geométrico de Spinoza

e somente por dedução lógica, todas as outras proposições se sucedam indefinidamente; (4) ou no mínimo, em número superior ao das definições e dos axiomas iniciais. (1998, p. 20).

Analisado à luz desta definição de método geométrico, seria refutada a hipótese desenvolvida por Ignace Myœlicki de que Jonston foi precursor de Spinoza no uso do método geométrico em Filosofia. De fato, ao ser confrontado com a definição de método geométrico citada por Kaplan, o texto de Jonston não preenche as condições e o método aplicado seria considerado um método não-geométrico. Por outro lado, ressaltemos a afirmativa de Myœlicki de que no texto de Jonston foi aplicado *"de alguma forma"* (1921, p. 118-119) a *ordine geometrico*, ou seja, Myœlicki considera o método geométrico como sendo a própria ordem geométrica, e não a presença ou a ausência de elementos semelhantes aos de Euclides, como por exemplo, definições, axiomas, etc. Para Myœlicki, o texto de Jonston utiliza o método geométrico porque ele foi composto segundo uma ordem geométrica.

Maimônides, citado por Wolfson como exemplo de utilização plena do método geométrico em sua obra, *Le Guide des Égarés,* com a introdução no início da segunda parte de uma série de vinte e seis proposições, e, estranhamente, também citado por Wolfson, com esta mesma obra e esta mesma passagem, como exemplo na Filosofia Judaica, do primeiro gênero de autores que aplicam parcialmente o método geométrico (os que reduzem as teorias filosóficas à forma de proposições que podem ou não serem seguidas de demonstrações), terá negada sua condição de precursor de Spinoza no uso do

111

método geométrico, em suas duas condições: como aplicando totalmente e como aplicando parcialmente o método geométrico. A primeira condição é negada por Kaplan, porque Maimônides mistura "[...] as proposições evidentes, as proposições demonstradas e uma proposição admitida a título de hipótese – e sem que as proposições demonstradas o sejam a partir das proposições evidentes." (1998, p. 21). A segunda condição é negada porque para Kaplan "[...] o fato de resumir uma doutrina por uma série de proposições não caracteriza de maneira nenhuma o método geométrico." (*Ibid.*, p. 20-21). Kaplan vai utilizar este mesmo argumento para refutar Giordano Bruno, que em sua obra *De Immenso* resume as conclusões de sua doutrina da unidade e da simplicidade de Deus em uma série de proposições, ou seja, não basta que seja satisfeita uma, duas ou até mesmo três das condições citadas por Kaplan para termos a aplicação de um método geométrico; é necessário que todas as condições sejam satisfeitas.

Com a mesma argumentação utilizada com Maimônides, Kaplan vai negar a Bahya Ibn Pakuda, também citado por Wolfson como exemplo de utilização plena do método geométrico em sua obra *Hobot ha-Lebabot*, a condição de precursor de Spinoza no uso do método geométrico, porque sua obra não tem definições evidentes postas previamente e as três proposições introduzidas de forma análoga a Maimônides e utilizadas da mesma maneira que os primeiros princípios de Euclides estão elas também sujeitas à demonstração. (1998, p. 21).

Crescas, citado por Wolfson no segundo gênero dos que aplicam o método parcialmente (os que identificam a forma silogística de demonstração com a

CAPÍTULO II: O MÉTODO GEOMÉTRICO DE SPINOZA

forma geométrica euclidiana ou que transformam uma na outra), terá sua condição de precursor negada, pois a expressão com que termina sua reformulação dos argumentos de Aristóteles, suposta por Wolfson como equivalente da expressão euclidiana *quod erat demonstrandum*, não o é. Kaplan afirma que Crescas conclui sua reformulação com a expressão "o que ele [Aristóteles] queria demonstrar"[19], o que não é absolutamente equivalente à expressão euclidiana Q. E. D. (*era o que se tinha de demonstrar*).

Proclo, classificado por Kaplan no primeiro grupo dos autores citados por Delbos – como tendo aplicado o método – e por Wolfson no primeiro gênero dos que aplicam o método parcialmente – os que reduzem as teorias filosóficas à forma de proposições que podem ou não serem seguidas de demonstrações –, terá negada a sua condição de precursor na aplicação do método geométrico, pois sua obra *Institutio Théologica*, ainda que seja composta de proposições, demonstrações e corolários, não preenche todas as condições do método geométrico: "Ela é composta de uma sequência de 211 proposições, cada uma demonstrada, mas sem serem precedidas de definições, de axiomas ou de postulados: as demonstrações não consistem então em deduções a partir das definições, dos axiomas ou dos postulados explicitamente enunciados [...]" (1998, p. 21-22).

Languet, Henning e os autores das *Secondes Objections*, classificados por Kaplan no segundo grupo dos autores citados por Delbos (não aplicaram o método geométrico, limitando-se a recomendar sua aplicação à

---
[19] Conforme o original: "[...] *ce qu'il [Aristote] voulait démontrer*" (KAPLAN, 1998, p. 21).

Filosofia ou a outros ramos do conhecimento), não são considerados nominalmente por Kaplan em sua análise dos precursores de Spinoza no uso do método geométrico, por não o terem efetivamente aplicado em suas obras.

Porfírio com sua obra *Sententæ ad Intelligibilia Ducentes*, Duns Scoto com sua *Theoremata*, a obra *Liber de Trinitate*, atribuída falsamente a Alain de Lille e Franco Burgersdijck, com a obra *Institutiones Logicæ*, embora citados nominalmente por Kaplan em seu texto, não são refutados como precursores de Spinoza no uso do método geométrico em Filosofia.

Como citado, Descartes com sua obra *Abrégé géométrique*, foi o único autor que Delbos considerou como tendo exercido influência sobre Spinoza e como um precursor deste no uso do método geométrico em Filosofia. Para Kaplan, entretanto, o assunto não está encerrado. Inicialmente Descartes é visto por Kaplan como um possível precursor de Spinoza no uso do método geométrico, pois o seu texto, *Abrégé géométrique*, numa primeira análise, preenche todas as condições para ser considerado uma aplicação do método geométrico, ou pelo menos, como tendo todo o potencial para tal. Não obstante as definições, os axiomas e postulados dispostos previamente, e as proposições deduzidas dessas definições, desses axiomas e desses postulados anteriores, o *Abrégé* não tem mais do que cinco proposições demonstradas para dez definições, dez axiomas e sete postulados. Mas, Kaplan admite a possibilidade de que Descartes pudesse continuar indefinidamente a sequência dessas demonstrações (1998, p. 22).

Entretanto, segundo Kaplan, "[...] os postulados (que Descartes chama de "demandas", tradução do latim

Capítulo II: O Método Geométrico de Spinoza

postulata), não são, como no método geométrico, as proposições indemonstráveis que nos induzem a sua admissão [...]" (1998, p. 22). Pelos termos empregados por Descartes no início de cada demanda, como por exemplo, o termo *considerar, examinar* e *detenham*, empregados na primeira, na terceira e na quinta, respectivamente, Kaplan vai considerá-las mais como "[...] demandas aos leitores para praticar uma ascese intelectual [...]" (*Ibid.*, p. 23), do que, "[...] as demandas tais como elas são implicadas pelo método geométrico." (*Ibid.*, p. 23). Ademais, estas demandas não são independentes umas das outras, como elas seriam no método geométrico. (*Ibid.*, p. 23).

Geulincx, assim como foi citado por Delbos como precursor no uso do método geométrico, por tê-lo aplicado em sua obra *Methodus Invenienti Argumenta*, também é citado por Kaplan como tendo aplicado o método geométrico. Não obstante, em Geulincx ocorrer adequadamente a "[...] aplicação do método geométrico – definições, axiomas, postulados sob a forma de proposições, teoremas demonstrados a partir dessas definições, axiomas e postulados [...]" (1998, p. 27), Kaplan também irá negar a este pensador a condição de precursor de Spinoza no uso do método geométrico em Filosofia, pelo simples motivo que ele não aplica o método em obras de Filosofia, mas sim em obras de Lógica. Realmente, Geulincx não aplica o método geométrico somente na obra citada por Delbos, ele "[...] aplica somente o método geométrico nas obras em que ele desenvolve sua 'obra pessoal' [20], 'os grandes temas de sua doutrina' [21]." (*Ibid.*, p. 27).

---

[20] Kaplan está citando Alain de Lattre, com sua obra *Arnaud Geulincx*, Seghers, Paris, 1970, p. 8 (1998, p. 27).
[21] Igual à Nota anterior.

115

Alain de Lille ou Nicolas d'Amiens, citado por Delbos e Wolfson como precursor no uso do método geométrico em Filosofia, é reconhecido como tal por Kaplan: "O único antes de Spinoza a ter aplicado o método geométrico à Filosofia [...]" (1998, p. 28). Entretanto, Kaplan faz duas ponderações acerca da aplicação do método geométrico ao seu texto, *De Arte seu articularis Catholicæ Fidei* [22], que é por ele descrito "[...] como uma demonstração do tipo geométrico da Teologia com definições (*descriptiones*), axiomas (*commune animi conceptiones*), postulados (*petitiones*) e teoremas demonstrados a partir deles." (*Ibid.*, p. 28). A primeira é concernente ao estatuto das demonstrações, que os matemáticos e Spinoza consideram as condições necessárias e suficientes para a certeza. Ao contrário, para Alain, as demonstrações não são nem necessárias (porque previamente nós temos a fé), e nem suficientes (porque elas visam apenas um saber provável, enquanto a fé é um saber certo). A segunda concerne ao conceito de Deus para Alain, que é incompreensível e inexprimível, e utilizado constantemente na sequência de suas demonstrações. Por isto, escreve Kaplan, é que "[...] contrariamente aos matemáticos – e a Spinoza – essas demonstrações visam somente um conhecimento obscuro [...]" (*Ibid.*, p. 28).

Donde, a conclusão de Kaplan: "Falando com todo rigor, então, **ninguém antes** de Spinoza aplicou realmente o método geométrico à Filosofia." (1998, p. 28, grifo nosso).

---

[22] Como ressaltamos *supra*, Nota 11, Wolfson escreve o nome da obra de Alain de Lille de forma diferente de Delbos: *De Arte seu Articulis Catholicæ Fidei*. Kaplan por sua vez, escreve o nome da mesma obra, diferente de Wolfson: *De Arte seu Articularis Catholicæ Fidei*.

CAPÍTULO II: O MÉTODO GEOMÉTRICO DE SPINOZA

Kaplan estende esta conclusão aos pensadores que utilizaram o método geométrico em Filosofia, após Spinoza: "[...] é incontestável que **nenhum filósofo** – em todo caso nenhum filósofo importante – utilizou, após Spinoza, o método geométrico. (*Ibid.*, p. 29, grifo nosso). Tal conclusão, vai coadunar perfeitamente com a afirmativa de Wolfson de que o "[...] método geométrico – que não foi para todos os seus predecessores mais do que uma tentativa ocasional, [...]" (1999, p. 50) e com Gueroult, que escreve, referindo-se às tentativas anteriores de uso do método geométrico: "[...] o método geométrico foi aplicado à Filosofia somente em virtude de analogias superficiais, não constituindo mais do que um procedimento de exposição e não um método de invenção." (1997, v. 2, p. 480).

2.2 O *Mos geometricus* e a *Ética*

Apesar de Francis Kaplan questionar os pensadores anteriores e posteriores a Spinoza, quanto à utilização ou não de um verdadeiro ou de um falso método geométrico, é inquestionável para ele, assim como também para Harry Austryn Wolfson, que Spinoza empregou o método geométrico em sua obra maior, a *Ética*. Ademais, se acrescentarmos que para Pierre Macherey, "[...] em toda a história da tradição filosófica, ele [Spinoza] foi o único a utilizá-la, [...]" (1998a, p. 15), procederia indagarmos o porquê desta utilização; ou, como escreve Wolfson: "A simples imitação de seus predecessores não pode então explicar a adoção deste método, e é necessário encontrar alguma outra explicação." (1999, p. 50). A resposta a esta pergunta, ou esta outra explicação para a utilização do método geométrico, pode ser considerada sob dois aspectos distintos: no primeiro, enquanto extrínseco ao sistema, o método geométrico foi utilizado por Spinoza apenas como um simples recurso literário; no segundo, enquanto intrínseco ao próprio sistema, o método geométrico foi empregado por Spinoza por ser uma necessidade interna do próprio sistema. Vejamos isto em separado.

2.2.1 O método como um recurso literário

Neste primeiro aspecto, agrupamos os autores que consideram o uso do método geométrico em Spinoza como extrínseco ao sistema e sem conexões com sua Filosofia, sendo a sua utilização devida a razões pedagógicas ou similares, ou à simples opção por um recurso literário, e cuja finalidade última seria o mero expediente expositivo. Dentre os muitos que adotaram esta perspectiva[23], comentaremos apenas a análise de Wolfson, visto ser esta a perspectiva que parece sintetizar muito do que os autores posteriormente iriam escrever sobre esta perspectiva[24].

---

[23] Maria Luísa Ribeiro Ferreira, cita em Nota os autores Ferdinand Alquié, Gilbert Boss, Edmund Curley, R. J. Delahunty, Stuart Hampshire, H. G. Hubbeling, G. H. R. Parkinson, Leon Roth e Harry Austryn Wolfson, como compartilhando esta perspectiva acerca do uso do método geométrico em Spinoza. (1997, Nota 28, p. 335). Além destes autores, de nossa parte acrescentaríamos Paul-Louis Couchoud, conforme veremos na sequência.

[24] Maria Luísa Ribeiro Ferreira, na mesma Nota em que cita os autores que compartilham esta perspectiva, acrescenta: "O formalismo assinalado por Hegel é uma constante nos artigos citados. De entre estes, relevamos a posição de Wolfson, pois sintetiza em três pontos básicos muito do que os autores referidos assinalam." (1997, Nota 28, p. 335), concluindo que "[...] Wolfson representa uma boa síntese da maior parte das posições que defendem o artificialismo do método." (*Ibid.*, Nota 28, p. 336).

Capítulo II: O Método Geométrico de Spinoza

A argumentação que Wolfson utiliza para fundamentar sua afirmativa de que "[...] não há a menor indicação de que ele [Spinoza] tenha, de alguma maneira, ligado seu uso da forma literária geométrica a sua maneira matemática de ver as coisas, [...]" (1999, p. 58-59) está inteiramente baseada na análise da concepção de método geométrico ou matemático em Descartes, ou, mais precisamente, nos textos cartesianos *Regulæ ad directionem ingenii* e na célebre *Disposição Geométrica* encontrada nas *Secondes Réponses* e na análise do método que faz Louis Meyer no *Prefácio* aos *Renati Des Cartes Principiorum Philosophiæ* (PPC).

Donde, a partir da análise das *Regulæ*, Wolfson vai afirmar que independente do "[...] tipo de demonstração do método geométrico utilizado, quer seja analítico ou sintético, nada indica na proposta de Descartes que ele deva ser redigido segundo a forma adotada por Euclides no seu *Éléments*." (1999, p. 54). E que para Descartes o sentido primeiro e geral de método geométrico nada mais é do que "[...] aquilo que Aristóteles denominava uma demonstração científica, consistindo em premissas evidentemente verdadeiras por elas mesmas e numa conclusão deduzidas dessas premissas por inferência lógica." (*Ibid.*, p. 56). Afirmando que Descartes faz distinção entre o método de demonstração e a fórmula literária, Wolfson conclui que "[...] a forma literária euclidiana não é essencial ao método geométrico sintético quando ele é aplicado aos problemas filosóficos, [...]" (*Ibid.*, p. 56). Conclusão esta em tudo semelhante à que resulta de sua análise do texto das *Secondes Réponses*, de que "[...] a aplicação do método geométrico de demonstração aos problemas filosóficos não requer necessariamente o uso da forma literária exterior das proposições geométricas euclidianas, [...]" (*Ibid.*, p. 54).

Segundo Wolfson, reencontramos no *Prefácio* aos PPC esta distinção entre o método de demonstração e a fórmula literária, e neste, a alusão de Meyer não é à forma literária euclidiana, mas sim ao método geométrico de demonstração, que, assim como Descartes, ele divide em analítico e sintético (1999, p. 57). A seguir, após afirmar que "[...] não há nada, em toda a discussão, que indique que a aplicação por Spinoza da forma literária geométrica aos *Principia Philosophiæ* de Descartes seja consequência do método matemático de demonstração empregado por aquele." (*Ibid.*, p. 57), Wolfson conclui que "Ao contrário, está indicado que ela foi considerada como uma coisa imposta do exterior." (*Ibid.*, p. 57).

Um outro argumento aduzido por Wolfson refere-se ao fato de que "[...] o *Court Traité* (KV), no qual sua [de Spinoza] maneira matemática de ver as coisas está já plenamente desenvolvida, não seja redigido na forma literária geométrica parece indicar que esta não é uma consequência lógica daquela." (1999, p. 59). Ademais, o fato de ter sido também aplicada aos PPC a forma literária geométrica que trata da Filosofia de Descartes, "[...] que não tem, no sentido de Spinoza, uma visão matemática das coisas, parece também indicar que não há nenhuma conexão lógica entre o conteúdo de uma Filosofia e a forma literária particular na qual ela é exposta." (*Ibid.*, p. 59). Por fim, Wolfson vai ampliar a argumentação anterior a qualquer assunto, pois o fato de que Spinoza teve a intenção de "[...] aplicar à gramática da língua hebraica parece de forma semelhante indicar que não há nenhuma ligação lógica entre a forma literária geométrica e o assunto ao qual ela é aplicada." (*Ibid.*, p. 59).

Capítulo II: O Método Geométrico de Spinoza

Entretanto, escreve Wolfson: "Se, como nós tentamos demonstrar, não há nenhuma ligação lógica entre a substância da Filosofia de Spinoza e a forma na qual ela está redigida, sua escolha da forma geométrica euclidiana deve ser explicada sob outra base." (1999, p. 60). E esta outra base seria em número de três: a primeira, seria por razões pedagógicas, que foram claramente anunciadas pelo autor das *Secundæ Objectiones*, visando a "[...] clareza e distinção com as quais a forma geométrica era considerada descrever e colocar em evidência as linhas gerais de um argumento. Ela foi utilizada pela mesma razão que utilizamos os esquemas e os diagramas." (*Ibid.*, p. 60), sempre em "[...] benefício do leitor, por causa da clareza com a qual ela é suposta formular um argumento, e não porque o sistema filosófico em si o exija." (*Ibid.*, p. 61). A segunda, seria uma "[...] reação contra as novas formas literárias importadas, após o Renascimento e sob a influência dos autores antigos, nos escritos filosóficos, em substituição ao estilo silogístico." (*Ibid.*, p. 61). Por último, acrescenta Wolfson, Spinoza talvez possa ter tido "[...] uma outra razão ainda que o fez utilizar a forma geométrica: evitar de ter que discutir com seus adversários." (*Ibid.*, p. 62); ou como descreve este argumento Maria Luísa Ribeiro Ferreira: "[...] o *mos geometricus*, pelo seu caráter convincente, obviava à dificuldade de convencer os opositores, evitando o inútil *quæstio*." (1997, Nota 28, p. 335).

À guisa de acabamento à perspectiva por ele adotada acerca do emprego artificial do estilo literário por parte de Spinoza, Wolfson vai concluir que a forma em que a *Ética* foi escrita é diferente da forma em que ela foi concebida no espírito de seu autor. Segundo

Wolfson, Spinoza "[...] deve inicialmente ter meditado detalhadamente todos esses problemas à maneira dos rabinos e dos escolásticos e somente depois, quando começou a passá-los para o papel, é que ele os dividiu em proposições geométricas." (*Ibid.*, p. 63). Donde, Wolfson conclui que num segundo plano da "[...] *Ética* atual, demonstrada segundo a ordem geométrica, há então uma *Ética* demonstrada segundo a ordem rabínica e escolástica, [...]" (*Ibid.*, p. 63).

Esta *Ethica more scholastico rabbinicoque demonstrata* estaria num segundo plano da *Ethica ordine geometrico demonstrata* atual, assim como as passagens que tratam das provas da existência de Deus e da distinção entre a alma e o corpo, nas *Méditations* de Descartes, estariam num segundo plano para estes mesmos temas tratados de forma geométrica nas *Secundæ Responsiones* do mesmo autor. Da mesma maneira, os *Principia Philosophiæ* de Descartes e o Capítulo II da Primeira Parte do KV, estariam num segundo plano dos PPC e do Apêndice geométrico do KV de Spinoza, respectivamente. E, para fundamentar sua afirmativa de que é a forma geométrica que necessita de um "segundo plano", Wolfson vai citar a afirmativa cartesiana acerca da insuficiência da forma geométrica em "[...] dar conta plenamente dos argumentos tais quais eles estão desenvolvidos nas *Méditations*." (1999, p. 63).

Fundamentando-se na seguinte passagem da *Ética*: "Mas, antes de começar a demonstrar segundo a **ordem prolixa** dos Geômetras que adotei, inicialmente convém dar a conhecer aqui, brevemente, os ditames da Razão, a fim de que seja mais fácil a cada um perceber o que eu penso." (E4P18S)[25], Wolfson vai estender a Spinoza a

Capítulo II: O Método Geométrico de Spinoza

insuficiência da forma geométrica reconhecida anteriormente por Descartes, afirmando que "De maneira análoga, Spinoza admite que o método geométrico talvez não torne facilmente acessível a todos os leitores o que tinha em mente, [...]" (*Ibid.*, p. 63-64). A referência que Wolfson faz anteriormente acerca das razões pedagógicas para o emprego do estilo geométrico por parte de Spinoza (assimilando-o aos "esquemas e diagramas"), para demonstrar a desconexão entre o estilo geométrico e o sistema spinozista, é agora retomada como demonstração da insuficiência do estilo geométrico (insuficiência esta supostamente admitida por Spinoza no escólio citado), que serviria como razão para a existência de uma *Ethica more scholastico rabbinicoque demonstrata* em segundo plano; e esta, por sua vez, servirá também de razão para demonstrar a desconexão.

Ora, analisando a passagem da *Ética* citada, notamos que Spinoza emprega o termo latino *prolixo*, que é um adjetivo; e como tal, este termo está sendo empregado para aferir a qualidade da ordem dos geômetras: prolixa, alongada. Na mesma frase há um outro termo, o advérbio *breviter*, que tem o sentido de brevidade no espaço ou no tempo, e que nesta passagem, muito provavelmente está sendo empregado no sentido de brevidade espacial, de concisão. Donde, podemos observar que Spinoza está opondo duas possíveis formas expositivas [26], a prolixa ordem geométrica que ele utilizará para demonstrar as coisas que se seguirão nas próximas

---

[25] Cf. o original: "*Sed antequam hæc prolixo nostro geometrico ordine demonstrare incipiam, lubet ipsa rationis dictamina hic prius breviter ostendere ut ea quæ sentio facilius ab unoquoque percipiantur.*" (E4P18S, SO2, p. 222, grifo nosso).

proposições e uma outra mais concisa, não geométrica (por isto está sendo tratada no escólio), que será utilizada para dar a conhecer os ditames da Razão. Entretanto, reconhecemos que nossa interpretação necessita ser fundamentada. Para tanto, analisamos o uso que Spinoza faz do termo latino *prolixo*, bem como de alguns de seus derivados, como por exemplo, *prolixius, prolixiori, prolixitatem* e *prolixe*, e os encontramos sendo utilizados invariavelmente associados ao sentido de uma exposição mais longa, mais pormenorizada ou mais detalhada[27].

A conclusão de Wolfson a favor de uma *Ethica more scholastico rabbinicoque demonstrata* existindo em

---

[26] No final deste mesmo escólio, Spinoza repete o emprego dos termos e a oposição: E4P18S: "*Hæc illa rationis dictamina sunt quæ hic paucis ostendere proposueram antequam eadem prolixiore ordine demonstrare inciperem, quod ea de causa feci ut, si fieri posset, eorum attentionem mihi conciliarem qui credunt hoc principium, quod scilicet unusquisque suum utile quærere tenetur, impietatis, non autem virtutis et pietatis esse fundamentum. Postquam igitur rem sese contra habere breviter ostenderim, pergo ad eandem eadem via qua huc usque progressi sumus, demonstrandum.*" (SPINOZA-GEBHARDT, 1972, v. 2 [SO2], p. 223).

[27] Cf. E2L7S: "*Atque hæc, si animus fuisset de corpore ex professo agere,* prolixius *explicare et demonstrare debuissem.*" (SO2, p. 102). E2P40S1: "*Sed quoniam hæc alii dicavi tractatui et etiam ne propter nimiam hujus rei* prolixitatem *fastidium crearem, hac re hic supersedere decrevi.*" (SO2, p. 120). E2P48S: "*Atque his quæ in hoc scholio agere constitueram, absolvi et eo finem huic nostræ Secundæ Parti impono in qua puto me naturam mentis humanæ ejusque proprietates satis* prolixe *et quantum rei difficultas fert, clare explicuisse atque talia tradidisse ex quibus multa præclara, maxime utilia et cognitu necessaria concludi possunt, ut partim ex sequentibus constabit.*" (SO2, p. 136). E4P35S: "*Sed de his alias prolixius.*" (SO2, p. 234). E4P45S: "*Hoc itaque vivendi institutum et cum nostris principiis et cum communi praxi optime convenit; quare si quæ alia, hæc vivendi ratio optima est et omnibus modis commendanda nec opus est de his clarius neque prolixius agere.*" (SO2, p. 245). E5P38S: "*Sed de his mox prolixius.*" (SO2, p. 304).

Capítulo II: O Método Geométrico de Spinoza

segundo plano da *Ética* não é compartilhada pela maioria dos autores citados por Ferreira (1997, Nota 28, p. 335). De nossa parte, esta conclusão também não nos parece verossímil, pois temos os testemunhos nas *Cartas* que atestam a evolução do processo de constituição da *Ética* quase que em sua totalidade, através dos quais podemos acompanhar as diversas etapas de sua apresentação e exposição aos interlocutores das mesmas *Cartas*. E, invariavelmente, nestes primeiros momentos em que a *Ética* veio à luz parcialmente, a sua exposição já era geométrica. Neste sentido é que apontam também os estudos de diversos autores, dentre os quais citamos Filippo Mignini.

Donde, no que tange à demonstração *rabbinicoque*, esta conclusão de Wolfson assemelha-se-nos muito mais ao produto de uma excessiva hebraização do pensamento de Spinoza, fruto de uma exagerada afirmativa da influência de sua formação judaica nos seus textos, do que ao produto de uma rigorosa análise dos textos spinozistas. Ferdinand Alquié assinala que esta tentativa de reaproximar Spinoza do judaísmo remonta ao século XVII, com Johann Georg Wachter, que tentou reaproximar Spinoza da Cabala judaica, e continuou mais tarde com Jules Lagneau e Victor Brochard, dentre outros. Ressaltando que é na atualidade que estes estudos são mais documentados, Alquié escreve que Wolfson "[...] afirma que Spinoza foi essencialmente um pensador judeu." (1991, p. 35-36). Nesta mesma linha, contemporaneamente, alguns autores intentam reaproximar Spinoza do judaísmo, como, por exemplo, Yirmiyahu Yovel, que chega ao ponto de omitir o ataque que Spinoza sofreu por parte de um fanático judeu [28], ou então não o considerou uma "perseguição", ao afirmar que, por parte dos judeus, Spinoza "[...] não foi nunca vítima de perseguição [...]" (1993, v. 1, p. 22). Já no que concerne à demonstração *scholastico*, esta é uma atitude bastante comum em Wolfson, como bem ressalta Alquié, pois, "Qualquer que seja a afirmativa que enuncie Spinoza, Wolfson consegue descobrir entre os Medievais uma afirmativa semelhante." (1991, p. 37), devido à "[...] riqueza de sua erudição e ao arbítrio de seu método." (*Ibid.*, p. 37).

2.2.2 O MÉTODO COMO NECESSIDADE DO SISTEMA

Neste segundo aspecto, agrupamos os autores que consideram a forma geométrica como intrínseca ao sistema, estreitamente vinculada à Filosofia de Spinoza e como existindo "[...] a maior coerência entre o método geométrico e o sistema." (ABREU, 1993, p. 151). Esta segunda vertente, valoriza o método, considerando-o "[...] essencial, indispensável e constitutivo, sem o qual o pensamento do filósofo não lograria uma expressão completa." (FERREIRA, 1997, p. 335). Dentre os muitos que adotaram esta perspectiva[29], comentaremos apenas a análise e a fundamentação de Martial Gueroult.

Ao afirmar a conexão entre o método geométrico e o sistema spinozista, Gueroult escreve que "[...] a

---

[28] Cf. Pierre Bayle (*Apud* DOMÍNGUEZ, 1995, p. 82 e COLERUS, *Vida de Spinoza*).

[29] Novamente baseamo-nos em Maria Luísa Ribeiro Ferreira que cita como pioneiros desta perspectiva Kuno Fischer, Jacob Freudenthal e Carl Gebhardt. Também cita outros autores, como Henry E. Allison, Martial Gueroult, Harold H. Joachim, Pierre Macherey e Thomas Carson Mark como tendo posições semelhantes. (1997, Nota 31, p. 336). Além destes autores, de nossa parte acrescentaríamos Victor Delbos, que, apesar de não fornecer **(CONTINUA)**

CAPÍTULO II: O MÉTODO GEOMÉTRICO DE SPINOZA

Filosofia deverá tomar a Geometria por modelo, e somente será verdadeira se ela conseguir ser demonstrada *more geometrico*. O *mos geometrico* não é então para ela, roupa emprestada, mas a sua mola interior, a maneira necessária pela qual se produz e promove como verdade." (1997, v. 2, p. 471). Esta afirmativa encontra seu fundamento no texto anterior a este citado, em que Gueroult, ao estabelecer a distinção entre o método analítico utilizado por Descartes e o método sintético utilizado por Spinoza, claramente afirma a estreita ligação entre o *mos geometrico* e o sistema spinozista, escreve: "O método analítico, [...] é recusado porque, ao invés de partir da ideia verdadeira dada (a ideia de Deus), ele pretende chegar a ela; [...]" (1997, v.1, p. 35). Esta distinção, segundo Gueroult, estaria nitidamente anunciada na diferença entre o subtítulo da *Exposição Geométrica*, nas *Secondes Réponses* de Descartes, e o subtítulo da *Ética*, que porta a expressão *probantes more geometrico dispositæ* e a expressão *Ordine geometrico demonstrata*, respectivamente. Assim, o uso desta última expressão deixaria claro que não se trata "[...] de uma disposição exterior das demonstrações da doutrina, mas

---

(CONTINUAÇÃO DA NOTA 29) maiores detalhes, afirma peremptoriamente: "[...] certamente há uma relação íntima entre esta forma adotada por Spinoza [forma geométrica] e o fundo de seu pensamento." (1987, p. 206) e Gilles Deleuze, após demonstrar, conclui citando Spinoza: "É preciso pois concluir que o método geral de Espinosa não confere ao procedimento geométrico um valor apenas propedêutico, mas, sem que seu movimento o saiba, e pela sua interpretação formal e material original, comunica ao método geométrico a força para superar os seus limites ordinários, porque ela o liberta das ficções e mesmo das generalidades que lhe estão ligadas no seu uso restrito.(Ep. 83, a Tschirnhaus)" (1981, p. 118 e 2002, p. 92).

da **demonstração** mesma pela qual ela se engendra de dentro, a partir da ideia verdadeira dada, [...]" (*Ibid.*, v.1, p. 35, grifo do autor).

2.3 Spinoza e a "ordem geométrica"

A ordem geométrica, conforme os *Elementos* de Euclides, consiste em partir de definições evidentes por si mesmas, que não necessitam de demonstração, de axiomas que são proposições ou juízos que também não têm necessidade de demonstração, mas diferenciam-se das definições porque têm uma maior abrangência, de proposições que serão demonstradas a partir dos axiomas, das definições ou de proposições anteriormente demonstradas, acompanhadas por corolários e/ou escólios, que são consequências extraídas das proposições ou observações que têm por finalidade explicitar o sentido das proposições antecedentes, esclarecendo o próprio sentido ou resolvendo alguma possível polêmica ocasionada por alguma objeção.

Como vimos anteriormente, esta ordem foi descrita por Spinoza em diversas passagens como *prolixa*[30], cujo significado, na maioria das passagens, remete à forma alongada em que os temas seriam tratados, que consistia basicamente num desenvolvimento discursivo dos assuntos, sem economia de termos, de explicação ou de raciocínios, ou seja, os temas não seriam expostos de forma concisa ou breve. Semelhante às *Regulæ* de Descartes, este desenvolvimento discursivo seria basicamente dedutivo e lógico, pois, como vimos, trata-se de partir de ideias simples (as definições e axiomas), acedendo

---

[30] Cf. *supra*, Notas 25 e 26.

Capítulo II: O Método Geométrico de Spinoza

progressivamente às ideias cada vez mais complexas (as proposições, os corolários e os escólios), descobrindo como as ideias simples e as complexas se conectam entre si.

Gueroult desenvolveu anteriormente a hipótese acerca das duas ordens cartesianas [31], a *ordo cognoscendi* e a *ordo essendi*, na qual a primeira "[...] é utilizada somente para encadear rigorosamente nossos pensamentos, assegurando a verdade e a certeza, [...]" (1997, p. 36), enquanto a segunda mostra "[...] como, fora de nós, as coisas decorrem realmente." (*Ibid.*, p. 36). Ressaltando que a ordem do conhecimento em Descartes não coincide com a ordem das essências, Gueroult estabelece a relação entre o método geométrico e a ordem, afirmando que o método é geométrico em Descartes "[...] porque ele obedece estritamente à regra que assegura à Geometria todo o seu rigor." (*Ibid.*, p. 36). Ao contrário, em Spinoza, "O método é geométrico, porque, como em Geometria, ele constrói os conceitos de seus objetos, [...]" (*Ibid.*, p. 36). Esta afirmativa só é possível porque no spinozismo há uma relação estabelecida entre as duas ordens, *ordo cognoscendi* e *ordo essendi*, pela qual "[...] a segunda comanda estreitamente a primeira: a gênese de nossas ideias a partir da ideia de Deus, condição de nosso conhecimento verdadeiro, deve refletir a gênese das coisas a partir de Deus que as produz." (*Ibid.*, p. 36), ou seja, conforme a Proposição 7 da Parte 2 da *Ética*: a ordem e a conexão das ideias são as mesmas que a ordem e a conexão das coisas [32].

---

[31] Cf. *supra*, Cap. 1, parte 1.2.3: *O método e a ordem nas* Secondes Réponses.

Ora, a afirmação no spinozismo deste paralelismo entre as ordens, a *ordo cognoscendi* e a *ordo essendi*, a partir do qual será possível postular a inteligibilidade total do real, necessariamente implica numa semelhança entre o entendimento finito, enquanto produtor da primeira ordem, e o entendimento infinito, enquanto produtor da segunda ordem, que não se encontra em absoluto no cartesianismo. Vejamos isto mais detidamente.

2.3.1 O Entendimento finito e infinito

Entretanto, afirmar a semelhança não significa em absoluto afirmar a igualdade. De fato, tanto Descartes quanto Spinoza sustentam a heterogeneidade do entendimento infinito e finito, porque em ambos o entendimento infinito é a origem criadora ou produtora, respectivamente, do entendimento finito. Mas, enquanto na Filosofia de Descartes Deus é transcendente, e, portanto, enquanto entendimento infinito, é a causa transcendente do entendimento finito; no spinozismo Deus é imanente, e, portanto, enquanto entendimento infinito, é a causa imanente [33] do entendimento finito.

O fato do cartesianismo considerar Deus como causa transcendente do entendimento finito terá como principal consequência a exclusão de toda e qualquer comensurabilidade entre este entendimento e o entendimento infinito. O que, por conseguinte, resultará na incomensurabilidade da ciência humana com a ciência

---

[32] Cf. o original de E2P7: "*Ordo et connexio idearum idem est ac ordo et connexio rerum.*" (SO2, p. 89).

[33] Sobre a heterogeneidade do entendimento infinito em Descartes, ver: AT-IX-2, *Principes*, § 51, p. 46-47. Sobre a origem do entendimento finito e Deus como causa imanente em Spinoza, ver: E1P17S (SO2, p. 61) e E1P18D (SO2, p. 63-64), respectivamente.

Capítulo II: O Método Geométrico de Spinoza

divina, já que a ciência, tanto a humana quanto a divina, está diretamente relacionada com o potencial de seus respectivos entendimentos[34]. Admitir esta incomensurabilidade será admitir a impossibilidade da ciência humana ser verdadeira por si só, independente de um fundamento exterior a ela, pois se a ciência de Deus é o conhecimento verdadeiro que não pode admitir nada de falso e a ciência humana nada tendo de comensurável com ela, não será possível à ciência do homem ser verdadeira por si só.

Em Descartes o entendimento finito é totalmente distinto do entendimento infinito, tanto no aspecto quantitativo quanto no aspecto qualitativo. Quanto ao primeiro aspecto, o entendimento de Deus, por ser causa primeira, é perfeito e ilimitado; o entendimento humano, por ser um efeito, é imperfeito e limitado. Quanto ao segundo, o entendimento infinito, por operar de forma totalmente distinta do entendimento finito, elimina toda e qualquer distinção no que tange à extensão, entre a vontade e o entendimento, pois Deus "[...] ao contrário de nós, entende e quer por operações diferentes, mas entende, quer e faz tudo sempre por uma mesma e muito simples ação; [...]" (AT-IX-2, *Principes*, § 23, p. 35). No entendimento finito, devido a sua natureza imperfeita, ocorre uma desproporção na extensão da vontade e do entendimento, introduzindo o erro: a vontade, por ser "[...] muito mais ampla e extensa que o entendimento, eu não a contenho nos mesmos limites, mas estendo-a também às coisas que eu não entendo; [...]" (AT-IX-1, *Méditations*, *Quatrième*, p. 46), e fazendo com que o homem se engane sempre que formula juízo a respeito

---

[34] Isto explicaria a afirmativa de Gueroult acerca do fato da *ordo cognoscendi* e a *ordo essendi* não coincidirem em Descartes.

de coisas que não são claras e distintamente representadas pelo entendimento. Ao contrário, Deus por ser "[...] soberanamente perfeito, não pode ser causa de erro algum [...]" (AT-IX-1, *Méditations, Quatrième*, p. 49-50), não estando "[...] limitado por nenhuma imperfeição." (AT-IX-2, *Principes*, § 22, p. 35). Toda ideia clara e distinta tem um valor objetivamente certo porque Deus é o autor de toda concepção clara e distinta (AT-IX-1, *Méditations, Quatrième*, p. 49). Por conseguinte, a garantia de veracidade das ideias claras e distintas do entendimento finito necessariamente transcende a este; pois, se o entendimento finito é passível de erro, imperfeito e limitado, ele não pode garantir apenas por si só a veracidade de nenhuma ideia clara e distinta.

Ao contrário do cartesianismo, o spinozismo, ao considerar Deus como causa imanente do entendimento finito, ocasionará de imediato a inteira comensurabilidade entre o entendimento infinito e o entendimento finito. Esta comensurabilidade é devida à relação existente entre a causa imanente, que pressupõe a manutenção de uma relação com seu efeito, ao contrário da causa transcendente que não pressupõe necessariamente uma ligação com seu efeito, após o surgimento deste.

Uma vez estabelecida esta distinção entre as causalidades, visando unicamente distinguirmos a relação causal transcendente da imanente, denominaremos a relação entre a causa transcendente e o seu efeito como uma relação de causa e efeito; da mesma maneira, sem eliminarmos a relação causal entre o entendimento infinito e o finito, vamos denominar a relação entre a causa imanente e o seu efeito como uma relação do todo com a sua parte. Ora, a transformação da relação entre o

Capítulo II: O Método Geométrico de Spinoza

entendimento infinito como causa e o entendimento finito como efeito (como na Filosofia de Descartes), em uma relação em que o entendimento infinito será o todo e o entendimento finito será uma parte deste todo, possibilitará a esta parte participar do todo, porque entre ela e o todo estará mantida uma relação, uma medida comum. Tal transformação vai possibilitar que a ciência do homem possa ser verdadeira por si só, independente de um fundamento exterior a ela, porque o entendimento finito será comensurável com o entendimento infinito.

Por conseguinte, nesta relação todo/parte, a distinção entre o entendimento finito e o entendimento infinito ocorrerá apenas no aspecto quantitativo, não havendo distinções no aspecto qualitativo como ocorre no cartesianismo. Esta distinção quantitativa é a marca da heterogeneidade entre os entendimentos: o entendimento finito (que recai apenas sobre as coisas e os eventos que lhe são dados), não pode e nunca poderá conhecer tudo o que entendimento infinito (que recai sobre tudo) conhece, ou seja, a distinção no aspecto quantitativo é apenas na capacidade de possuir ideias adequadas, que é limitada no homem e ilimitada em Deus. Se consideramos o entendimento infinito "[...] enquanto se explica [*explicatur*] pela natureza do espírito [*mentis*] [35] humano [...]" (E2P11C, SO2, p. 94-95 e E2P43D, SO2, p. 123-124), o entendimento finito (enquanto percebe as coisas verdadeiramente) é uma parte do entendimento infinito

---

[35] Segundo Robert Misrahi, em Spinoza a tradução do termo *mens* pelo termo tradicional *alma*, induz a um contra-senso grave na doutrina spinozista do homem, porque *mens* significa quase sempre *espírito*, e o termo em francês *âme* – assim como o termo **(Continua)**

de Deus, sendo idêntico a ele e conhecendo as coisas como Deus as conhece [36].

Todavia, por ser parte do entendimento infinito não devemos supor que o entendimento finito para Spinoza seja imune ao erro. Assim como o entendimento finito em Descartes é passível de erro, aqui ele também o é, embora por razões diferentes. A diferença reside no mecanismo do erro: em Spinoza, o erro consiste numa privação do conhecimento (E2P35DS, SO2, p. 116-117 e E2P17S, SO2, p. 105-106) e não numa diferença de proporção quanto à extensão da vontade e do entendimento.

2.4 O *Mos geometricus* e o TIE

O *Tratado da Reforma do Entendimento* [37] que tem como subtítulo as seguintes palavras: *"e da melhor via a se dirigir para o verdadeiro conhecimento das coisas"*; ou, em latim, como foi publicado pela primeira vez nas *B. d. S. Opera Posthuma* (*OP*) [38], organizada em 1677 pelos

---

(**Continuação da Nota 35**) em português *alma* –, provém do latim *anima* ou *animus*. Donde, quando Spinoza quer dizer *alma*, ele emprega *anima*, como por exemplo em *"animi Pathema"* na *Ética*, Parte 3, *Definição Geral dos Afetos*. (SPINOZA-MISRAHI, 2005, p. 363-364). Já Pierre Macherey, opta por traduzir *mens* pelo termo *âme* para, segundo ele, evitar uma ambiguidade, reservando o termo *esprit* para o termo *animus*. (1997c, p. 10-11). De nossa parte, sempre que o termo original for *mens* ele será traduzido por *espírito*. Para uma visão mais geral desta questão, ver o texto de Emilia Giancotti Boscherini intitulado *Sul Concetto Spinoziano di Mens* (1969).

[36] Baseamo-nos na interpretação de Gueroult para as E2P11C e E2P43D. (GUEROULT, 1997, v. 1, p. 32).

[37] Nós adotaremos a tradução *Tratado da Reforma do Entendimento*, em função da tradução portuguesa bilíngue de Abilio Queirós, da tradução francesa de Appuhn (*Traité de la Réforme de l'Entendement*) e pela tradução empregada por Luís Machado de Abreu (1985, p. 326).

CAPÍTULO II: O MÉTODO GEOMÉTRICO DE SPINOZA

amigos de Spinoza, logo após sua morte: *Tractatus de intellectus emendatione et de via qua optime in veram rerum cognitionem dirigitur* (SO2, p. 4), é uma obra inacabada[39] acerca do método, ou, no dizer de Brunschvicg, acerca da *Lógica* (1893, p. 453).

---

[38] B. de S. *Opera Posthuma, Quorum series post Praefationem exhibetur.* 1677 [Amsterdã: J. Rieuwertsz].

[39] Maria Luísa Ribeiro Ferreira cita alguns autores e as diversas interpretações para o TIE ter restado inacabado, como por exemplo, Jules Lagneau, cuja razão para Spinoza não ter terminado o TIE foi a impossibilidade de se aplicar nele o método experimental; Charles Appuhn encontra como razões Spinoza não ter ainda, quando escrevia o TIE, uma antropologia e uma ética que permitissem resolver os problemas ali levantados; por fim, Alexandre Matheron, cujas razões são de ordem pedagógicas: devido ao público a quem o TIE se dirige, os cartesianos, que não conseguiriam passar do estudo do cartesianismo para o estudo do spinozismo, de forma tão brusca. (1997, Nota 34, p. 338). De nossa parte, citamos Atilano Domínguez, afirmando que as razões para o TIE ter ficado inacabado foram inicialmente indicadas pelos editores das *OP*, que na *Admonitio* e no *Præfatio* do mesmo, plantaram abertamente o problema, sugerindo que o TIE ficou inacabado pela falta de tempo do autor ou pelas dificuldades implicados no projeto. Domínguez também cita Jacob Freudenthal, que aponta como razão o fato do TIE ter sido redigido de forma analítica, não servindo portanto, como introdução da *Ética*, demonstrada na ordem geométrica (sintética); Carl Gebhardt e Alexandre Koyré, para quem a teoria exposta no TIE foi superada e é inútil para a prática, o método em ação, que é o sistema da *Ética*; Koyré, Roland Caillois e Avenarius, afirmam também que o TIE ficou inacabado devido à evolução do pensamento de Spinoza; Caillois acrescenta que na *Ética*, na qual está ausente o indivíduo, a orientação biográfica do TIE perderia seu sentido; outros afirmam que Spinoza não teria as ideias claras em muitos temas de seu sistema, atestada por exemplo, com a noção de experiência do TIE, (Jules Lagneau e Appuhn), a relação entre a experiência e a razão (Victor Delbos), as ideias adequadas (Martial Gueroult), as noções comuns (Gilles Deleuze e Ferdinand Alquié), a cosmologia e a antropologia (Appuhn), ou tudo isto ao mesmo tempo e mais alguma coisa ainda (Filippo Mignini e Appuhn). (SPINOZA-DOMÍNGUEZ, 1988b, *Introducción general*, p. 22-23).

A considerarmos o conjunto[40] do TIE, a tradução mais adequada para o seu título seria *Tratado do melhoramento do Entendimento*, pois é nesta pequena obra que, após a indicação do fim último, o bem verdadeiro, Spinoza irá propor a reforma do entendimento como necessária para atingir o fim buscado. De início, há um *Prólogo*, compreendendo os §§ de 1 a 11, em que se aponta uma nova ordem de vida em que haja a fruição de um bem capaz de a todos comunicar-se. Após este, compreendendo os §§ de 12 a 16, demonstra-se o que é o bem verdadeiro e por que buscá-lo implica na reforma do entendimento. A seguir, a semelhança de Descartes em seu *Discours de la Méthode*, mas com muito mais brevidade e menos abrangência, Spinoza vai propor no § 17 regras de vida, para o período que durar a reforma do entendimento. Nos §§ de 18 a 24, Spinoza descreve os modos de perceber as coisas que espontaneamente empregamos, ou o saber que se sabe. Esta descrição é necessária para se realizar a reforma do entendimento. Nos §§ de 25 a 29, Spinoza vai explicar os modos de percepção anteriormente descritos e porque o quarto modo é o melhor. A seguir, nos §§ 30 até o último, o 110, é a finalidade do método (distinguir entendimento e imaginação), explicar como usar o quarto modo de percepção. Primeira parte do método: estabelecer os critérios para a distinção entre a ideia verdadeira e as demais percepções, como, por exemplo, as ideias fictícias, falsas ou duvidosas, para que se possa tomar como ponto

---

[40] Em nossa descrição do conjunto do TIE nos pautaremos nas análises acerca do conteúdo geral da obra de Marilena Chauí (1999, p. 79), Maria Luísa Ribeiro Ferreira (1997, p. 334-341) e Atilano Domínguez (SPINOZA-DOMÍNGUEZ, 1988b, *Introducción general*, p. 23-28).

Capítulo II: O Método Geométrico de Spinoza

de partida a ideia verdadeira dada. Segunda parte: guiar-se pela norma da ideia verdadeira, ou seja, a reflexão sobre as ideias verdadeiras que nós possuímos. Terceira parte: ordenar essas ideias verdadeiras, para que possamos explicitar o que nós já sabemos, intuitivamente, sem poder explicá-lo e também distinguir entre as certezas que sobressaem de uma intuição que pode ser demonstrada, das convicções mais ou menos claras que sobressaem da imaginação e da confusão mental.

Domínguez assinala que o TIE "[...] não é um tratado de metafísica, e sim um tratado do método; ou, se preferirem, não é a **prática do método** e sim uma **teoria do método**." (SPINOZA-DOMÍNGUEZ, 1988b, *Introducción general*, p. 23, grifo nosso). Considerando que a *prática do método* seja a *Ética*, esta, enquanto *ordine geometrico demonstrata* tem a pretensão de "[...] nada sustentar que não seja ou imediatamente evidente ou demonstrativamente estabelecido." (DELBOS, 1987, p. 7; 2002, p. 19). Para lograr tal intento, de acordo com a *teoria do método*, Spinoza necessariamente deve partir de um princípio que possua a certeza da verdade, que possa sustentar esta certeza por si, sem o auxílio de nada além dele mesmo, ou seja, a ideia verdadeira. A relevância do método geométrico para a estruturação da *Ética* pode ser exemplificada através de uma comparação entre a ordem de suas partes e a definição de método que Spinoza cita no TIE, "[...] que o método nada mais é do que o conhecimento reflexivo, ou a ideia da ideia [verdadeira]." (§ 38). Donde, "O bom método é, então, aquele que mostra como o espírito [*mens*] deve ser dirigido segundo a norma da **ideia verdadeira dada**." (TIE, § 38, grifo nosso).

Conforme vimos anteriormente, a distinção entre a natureza da causa do entendimento em Descartes e em Spinoza terá como consequência a não aceitação, por parte deste último, da heterogeneidade total entre o entendimento divino e humano. Esta rejeição implicará, por sua vez, na recusa spinozista em utilizar o método analítico preconizado por Descartes. Tal recusa pode ser explicitada em dois aspectos: a não aceitação do ponto de partida do método cartesiano e a não aceitação da ordem de precedência do conhecimento claro e distinto do efeito sobre o conhecimento claro e distinto da causa admitida por Descartes (apesar de Spinoza não negar a relação entre o efeito e a causa).

O primeiro aspecto é a recusa do ponto de partida cartesiano, porque o "[...] o conhecimento adequado impõe como ponto de partida não a livre posição de meu entendimento separado [do entendimento infinito de Deus], mas uma ideia dada que, presente em mim como em Deus, é uma verdade primeira, suscetível de definição *a priori*." (GUEROULT, 1997, v. 1, p. 34). De acordo com a definição de Spinoza, citada anteriormente que especifica o fundamento do bom método, não poderia ser outro o ponto de partida spinozista: o "conhecimento reflexivo" ou a "ideia da ideia" deve necessariamente partir da ideia verdadeira dada (a ideia de Deus); em caso contrário, adverte-nos explicitamente acerca deste ponto o próprio Spinoza, "[...] nada poderemos compreender da natureza, se não ampliamos, por sua vez, o conhecimento da primeira causa ou Deus." (TIE, §92, Nota 2).

Capítulo II: O Método Geométrico de Spinoza

O segundo aspecto é que para Spinoza a inferência de uma causa a partir do seu efeito, só se dá de forma inadequada, mutilada e confusa (*Ibid.*, §19); ou, a verdadeira ciência procede da causa para os efeitos (*Ibid.*, §85). A separação entre o entendimento divino e o humano implica na separação entre o entendimento e a verdade de forma irreversível, pois, conceber que o entendimento finito é distinto do entendimento infinito e que encerra as ideias que lhe são próprias, garantidas do exterior por Deus, "[...] é supor que Deus possa caucionar como verdadeiras as ideias que serão necessariamente falsas, porque **as ideias adequadas** [claras e distintas] **sendo as ideias de Deus, tudo o que não é ideia de Deus é necessariamente inadequado** [mutilado e confuso], *donde falso* (GUEROULT, 1997, v. 1, p. 34, grifo nosso). Por conseguinte, a primeira parte da *Ética* irá tratar da causa absolutamente primeira: Deus.

Pelo exposto, podemos notar que a consideração cartesiana de Deus como causa transcendente e a consideração spinozista de Deus como causa imanente ocasiona a diferença na concepção do entendimento divino e humano na Filosofia de Descartes e de Spinoza. Devido a esta diferença quanto à causalidade, o entendimento divino e o humano serão heterogêneos de uma forma específica em cada um destes filósofos. Esta especificidade resultará em Descartes na precedência do conhecimento do efeito sobre o conhecimento da causa; em Spinoza, ocorrerá justamente o contrário: a precedência do conhecimento da causa sobre o conhecimento do efeito. A precedência de um ou de outro conhecimento é que vai determinar as diferentes direções, ou ordens, utilizadas por estes filósofos em suas obras. E estas ordens, por sua vez, irão determinar as estruturas das *Meditações* e da *Ética*, ou seja, a ordem analítica irá determinar a daquela e a ordem sintética que irá determinar a disposição das partes desta última.

Capítulo III:
A Ordem e o Método Geométrico em Spinoza

Conforme vimos antes, o termo "método", num sentido mais genérico, foi por nós definido como um modo de proceder, um meio para se atingir um fim. Num sentido mais específico, o definimos como um programa que regularia previamente um conjunto de determinadas ações, que se deve realizar em vista de um resultado determinado. Ressaltando a estreita vinculação com a noção spinozista da natureza do conhecimento, e afirmando o método em Spinoza voltado muito mais para a afirmação da ideia no nosso entendimento do que para uma operação do sujeito, como neste segundo sentido, Luís Machado de Abreu vai afirmar que o método em Spinoza "[...] não se define tanto como instrumento ou caminho a seguir para chegarmos ao conhecimento de alguma coisa, quanto como esforço destinado a compreendermos a nossa potência cognitiva, a sua natureza e funcionamento." (1993, p. 150).

É nesta mesma perspectiva de Abreu que iremos considerar o método em Spinoza baseado na concepção de Gilles Deleuze[1], que, apesar de afirmá-lo como axiomático, quando considerado a partir de sua relação com as partes constituintes da *Ética*, pode ser entendido como estreitamente vinculado à natureza do conhecimento ou aos gêneros do conhecimento. Esta perspectiva pode ser traduzida na análise da ordem vinculada ao sistema, na necessidade da redação ou da

---

[1] Ainda que seja muito interessante a interpretação de Ángel Luis Rivas Lado (1999, p. 267) para a perspectiva deleuzeana do método em Spinoza, baseado na Nota deste último sobre a tese de Yvonne Toros (1997, Nota 1, p. 160), nós não a consideraremos explicitamente no decorrer de nossa análise, por entendermos que a associação desenvolvida por Toros entre Spinoza e Desargues só foi parcialmente integrada na perspectiva deleuzeana.

exposição ser geométrica e na interpretação deleuzeana acerca das três *Éticas*, na qual as partes que a constituem não contém apenas conteúdos, "[...] mas formas de expressão: os signos ou afetos; as noções ou conceitos; as essências ou perceptos." (1997, p. 156), que, por sua vez, "[...] Correspondem aos três gêneros de conhecimento, que também são modos de existência e de expressão." (*Ibid.*, p. 156). Dito de outra maneira: a utilização do método geométrico por parte de Spinoza não é uma mera questão de estilo literário, mas sim uma necessidade interna do sistema.

3.1 O*RDINE* G*EOMETRICO DEMONSTRATA*

Em dezembro de 1677 foram publicadas as *B. d. S. Opera Posthuma* (*OP*), sem menção do editor e nem do local da edição. Nestas encontramos duas referências distintas acerca do método empregado por Benedictus de Spinoza em sua obra maior, a *Ética*: a primeira, no *Sumário* das *OP* (*Hoc Opere continentur*), apresentado ao fim do *Præfatio*, no qual o título *Ethica* vem acompanhado do subtítulo *More Geometrico demonstrata* (*OP*, 1677). A segunda, no subtítulo da obra propriamente dita, *Ordine Geometrico demonstrata* (*OP*, 1677 e SO2, p. 43). As edições críticas, bem como suas reedições e as traduções posteriores da *Ethica*, foram feitas segundo uma ou outra destas referências. Assim, por exemplo, a edição de J. Van Vloten e J. P. N. Land, de 1881-3, com reedições em 1895 e 1914, juntamente com a edição crítica de Carl Gebhardt, de 1925, com reedição em 1972, seguem o subtítulo da *Ethica*: *Ordine Geometrico demonstrata*.

Dentre as traduções para o francês das obras de Spinoza, na primeira, a de Émile Saisset, de 1842 (dois

Capítulo III: A Ordem e o Método Geométrico em Spinoza

volumes), que foi reeditada em 1861 (três volumes), o subtítulo encontrado é *Exposée suivant L'Ordre des Géomètres* – este tradutor é o único que utiliza o termo *Exposée* no subtítulo [2]. Na tradução de Charles Appuhn, editada em 1907-9, com reedições em 1928-9, 1934 e 1964-6, encontramos *Démontrée suivant L'Ordre Géométrique*, e na tradução de Robert Misrahi, publicada em 1993 e reeditada em meio eletrônico em 1996, encontramos *Démontrée selon L'Ordre Géométrique*, igualmente segundo o subtítulo da *Ethica*. Já as traduções de Roland Caillois, edição da *Pléiade* de 1954 (reeditada em 1978), e a de Guérinot editada em 1930 e a de Boulainvilliers, editada em 1907 (reeditadas por meio eletrônico em 1998), utilizam o subtítulo *Démontrée selon la Méthode Géométrique*, acompanhando o subtítulo *More Geometrico demonstrata* do *Sumário* das *OP*. Também utilizando este subtítulo como referencial para o subtítulo de sua tradução para o português editada em 1972 (reeditada em 1979 e 1983), Joaquim de Carvalho traduz como *Demonstrada à maneira dos Geômetras*. Já Gregorio Weinberg e Oscar Cohan, em suas traduções para o castelhano editadas em 1977 e em 1958 (reeditada em 1977, 1980 e 1985), respectivamente, empregam o subtítulo *Demostrada según el ordem geométrico* baseados no subtítulo da *Ethica*. R. H. M. Elwes, em sua tradução para o inglês publicada em 1883 e sucessivamente reeditada até os dias de hoje nos Estados Unidos e na Inglaterra, e Lívio Xavier, em sua tradução para o

---

[2] Segundo Martial Gueroult (1997, v. 1, p. 35-36), este termo é inadequado. A rigor, este fato não teria nenhuma importância se não soubéssemos que Descartes, nas *Segundas Respostas* faz uma distinção entre expor e demonstrar, entre a análise e a síntese, entre o *more* e a *ordine*. (cf. *supra*, Cap. I, 1.2, *O método e a ordem nos textos de Descartes*).

português, publicada em 1957 (reeditada em 1960), omitem o subtítulo.

Podemos observar que as edições críticas consideram o subtítulo *Ordine Geometrico demonstrata* como o mais apropriado ao método geométrico utilizado por Spinoza na *Ética*. Já os tradutores, optando por se basearem de maneira indistinta pelo subtítulo do *Sumário* das *OP* ou pelo subtítulo da obra propriamente dita, induzem-nos a considerá-los como sinônimos, ou seja, a depender dos tradutores, o método geométrico empregado por Spinoza na *Ética* pode ser designado como *More Geometrico* ou *Ordine Geometrico*. Entretanto, uma outra hipótese é concebível: a de que Spinoza fazia distinção entre a demonstração *More Geometrico* e a demonstração *Ordine Geometrico*. Esta pode ser fundamentada a partir da consideração dos respectivos autores dos subtítulos, Spinoza é o autor da designação do método utilizado no subtítulo da *Ethica* como *Ordine Geometrico*, enquanto a designação *More Geometrico* (subtítulo do *Sumário* das *OP*) é de autoria dos editores da *Opera Posthuma*. Sabe-se que estas foram preparadas para edição pelos amigos de Spinoza, os quais, seguramente, foram os autores[3] tanto do *Præfatio*, quanto das outras partes das *OP*, dentre estas o *Sumário* com a *Ethica* e seu subtítulo *More Geometrico demonstrata*[4].

---

[3] No que concerne ao *Præfatio* em particular, Luís Machado de Abreu, a despeito da polêmica acerca da autoria da redação deste, atribui sua redação a Jarig Jelles, em holandês, e a tradução para o latim a Louis Meyer (1985, p. 295-296).

[4] Fokke Akkerman, analisando as discrepâncias encontradas entre os manuscritos e as *OP*, escreve: "As correções denotam a atividade redacional dos editores. Não há nenhuma razão para crer que elas sejam de Spinoza." (1977, p. 7).

Capítulo III: A Ordem e o Método Geométrico em Spinoza

Mas o fundamento apresentado não é suficiente para a demonstração desta hipótese. Motivo este pelo qual devemos recorrer a outras referências ao método utilizado por Spinoza, e em particular, às duas únicas obras que foram publicadas em vida de Spinoza e que seguramente foram revisadas pelo autor: os *Princípios de Filosofia de Descartes* (PPC) em 1663 e o *Tratado Teológico Político* (TTP) em 1670, reeditado em 1673 e em 1674. No que concerne a este último, apesar de ter sido revisado por Spinoza, como podemos comprovar pelas chamadas "notas marginais", em número de 39, das quais a maioria pode ser considerada autêntica (SPINOZA-DOMÍNGUEZ, 1986, Nota 56, p. 35), pouco acrescenta no que diz respeito ao método em particular. Quanto aos PPC, ou mais precisamente, ao seu *Præfatio*, temos o relato da *Carta* 15, na qual Spinoza comunica ao seu autor, Louis Meyer, o envio deste com as correções pertinentes a serem feitas no texto final, anotadas à margem, bem como outras três correções que achou "mais oportuno" enviar-lhe nesta Carta (SO4, p. 72-73). Por meio de uma comparação entre as solicitações de Spinoza acerca do texto do *Præfatio* encontradas na Carta 15 e o texto final que foi publicado, poderemos constatar que as correções de Spinoza foram aceitas e efetuadas por Meyer.

Na primeira das três correções citadas na *Carta* 15, Spinoza solicita a Meyer informar no *Præfatio* que o tempo por ele empregado na redação da primeira parte dos PPC foi de duas semanas, com a intenção de justificar previamente qualquer possível obscuridade no texto; ou no dizer do próprio Spinoza: "[...] não ficarão desconcertados por encontrar-se aqui ou ali com alguma palavra que lhes resulte obscura." (Ep 15, SO4, p. 72).

De fato, encontramos no sétimo parágrafo do Prefácio esta observação: "[...] porém assuntos mais importantes que o ocupam, somente lhe deixaram duas semanas de descanso, nas quais se viu forçado a terminar esta obra, [...]" (PPCPref, SO1, p. 131). Na segunda correção, Spinoza sugere a Meyer mencionar que o fato de ter demonstrado muitas coisas de modo [*modo*] distinto daquele empregado por Descartes em suas demonstrações, não se deveu a uma intenção de corrigir Descartes, mas sim para manter melhor sua própria ordem [*ordinem*]. Com efeito, esta sugestão é acatada literalmente por Meyer no oitavo parágrafo do *Præfatio* (*Ibid.*, p. 131). Na terceira correção, Spinoza solicita a Meyer para "omitir e apagar totalmente" o que este tinha escrito ao final do *Præfatio* "contra este pobre homem [*homunculum*]" (SO4, p. 72-73). Efetivamente, esta correção também foi efetuada por Meyer, pois não se encontra no texto impresso nenhuma referência negativa a ninguém em particular.

3.1.1 O *Præfatio* dos PPC

Considerando que o *Præfatio* dos PPC foi lido e corrigido por Spinoza, torna-se relevante procedermos à análise dos seus parágrafos iniciais, para obtermos a perspectiva de Spinoza através do escrito de Meyer, acerca da definição do método matemático em geral, do método matemático empregado por Descartes e do método geométrico, conforme os *Elementos* de Euclides, empregado pelo próprio Spinoza, bem como de uma comparação entre os dois últimos.

A ideia principal exposta por Meyer no primeiro parágrafo do *Præfatio*, é justamente a definição e a

Capítulo III: A Ordem e o Método Geométrico em Spinoza

relevância do método matemático em geral, comparado ao método utilizado pelos peripatéticos para a procura e o ensino da verdade num grau mais elevado do que o habitual. Sobre o método matemático em geral, escreve Meyer: "[...] o método [*Methodum*] de investigação e de exposição científica dos Matemáticos, isto é, aquele que consiste em demonstrar as conclusões a partir de definições, postulados e axiomas, é a via melhor e mais segura para procurar e ensinar a verdade." (PPCPref, SO1, p. 127). Quanto ao método empregado pelos aristotélicos, Meyer o define como aquele em que tudo se resolve "[...] mediante definições e divisões, entre si continuamente concatenadas, entremeadas aqui e ali com questões e explicações." (*Ibid.*, p. 127-128), sendo "[...] quase totalmente diverso [...]" (*Ibid.*, p. 127) do método matemático e aqueles que o utilizam "[...] não demonstram suas teses por razões apodícticas, mas se esforçam somente em sustentá-las por verossimilhança e argumentos prováveis [...]" (*Ibid.*, p. 128).

Considerando a definição citada, cabe a questão: Qual é o elemento diferenciador presente no método matemático e ausente no método dos aristotélicos? Ou ainda: o que possibilita a Meyer afirmá-los como distintos e dota o método matemático de uma certeza apodíctica? A resposta que nos parece mais satisfatória é a presença no método matemático de uma determinada ordem nos processos demonstrativos, que ocasiona uma sucessividade entre as demonstrações, implicando numa interdependência entre elas, de tal modo que a demonstração seguinte sempre será feita com os elementos já demonstrados anteriormente, e nunca com elementos não demonstrados ou ainda por demonstrar.

Esta ordem irá condicionar as conclusões, tornando-as evidentes ou necessárias, ou seja, dispostas numa ordem determinada, as demonstrações irão dotar as conclusões obtidas pelo método matemático de uma validade necessária; validade esta que é apenas provável no método utilizado pelos aristotélicos, devido a ausência da referida ordem. É por este motivo que Meyer no parágrafo seguinte, o segundo, irá associar o termo *ordem* num sentido que engloba os termos *método* e *certeza matemática*. Donde, podemos inferir que para Meyer, a ordem corresponde à demonstração com método e certeza matemática[5], e é exclusiva desta última.

No entanto, apesar da relevância do método matemático para as ciências e a verdade, Meyer ressalta neste segundo parágrafo que quase nenhuma disciplina, excetuando as matemáticas, o utiliza. Em Filosofia é comum utilizarem o método dos aristotélicos, ainda que não unanimemente, pois Meyer reconhece no terceiro parágrafo, que houve quem se afastasse desta via comum, com o objetivo de transmitir à posteridade "[...] as outras partes da Filosofia, além das matemáticas, demonstradas

---

[5] A este respeito, assinale-se que Atilano Domínguez em sua tradução dos PPC, emprega nesta passagem o termo *método* por três vezes. Na primeira, o termo é por ele acrescentado, pois não se encontra no original latino; na segunda, em tradução ao termo *Methodo* e na terceira em tradução ao termo *ordinem*. Conforme o original em espanhol: *"No han faltado, sin embargo, algunos que han pensado de forma distinta y, compadecidos de esta desdichada suerte de la filosofía, se apartaron de este **método** habitual, seguido por todos, de expresar las ciencias, y han emprendido otro nuevo, sin duda muy arduo y sembrado de dificultades, a fin de transmitir a la posteridad las otras partes de la filosofía, además de las matemáticas, demostradas con **método** y certeza matemáticos. Algunos de éstos redactaron según este **método** la filosofía ya admitida y enseñada habitualmente en las escuelas, [...]"* (PPCPref, 1988b, p. 128-129, grifo nosso).

Capítulo III: A Ordem e o Método Geométrico em Spinoza

com método [*Methodo*] e certeza matemáticas. Alguns redigiram segundo esta ordem [*ordinem*] a Filosofia já admitida e ensinada habitualmente nas escolas e a apresentaram ao mundo culto; outros redigiram assim e apresentaram uma Filosofia nova, inventada por seu próprio engenho." (PPCPref, SO1, p. 128)[6], ressaltando que, apesar desta tarefa ter sido empreendida por muitos sem êxito, surgiu René Descartes, que após "[...] tirar, com seu novo método [*nova Methodo*] das trevas e trazer à luz tudo o quanto havia estado inacessível aos antigos nas matemáticas e não podia ser descoberto pelos contemporâneos, erigiu os fundamentos irremovíveis da Filosofia que permitiam assentar, com ordem [*ordinem*] e certeza matemáticas, a maioria das verdades." (*Ibid.*, p. 128).

No quarto parágrafo, Meyer afirma que esse novo método utilizado por Descartes em sua Filosofia, é diferente do método comum aos Geômetras, ainda que seja matemático. No dizer de Meyer: "Ainda que os escritos filosóficos deste nobilíssimo e incomparável varão contenham as razões e a ordem demonstrativas das matemáticas [7], não estão elaborados segundo sua forma comum, conforme os *Elementos* de Euclides e os demais Geômetras, [...]" (PPCPref, SO1, p. 128-129). Como

---

[6] Cf. o original em latim: "*Non defuere tamen aliqui, qui ab his seorsim senserunt, atque hanc miserimam Philosophæ sortem miserati, ab ista communi, & ab omnibus tritâ scientias tradendi viâ recesserunt, ac novam eamque sane arduam multisque difficultatibus scatentem ingressi sunt, ut reliquas, ultra Mathesin, Philosophiæ partes **Methodo**, atque certitudine mathematicâ demonstratas posteritati reliquerent. Quorum alii jam receptam, & in scholis doceri solitam, alii novam, proprio marte adinventam, istum in **ordinem** redegerunt Philosophiam, atque orbi literario propinarunt.*" (PPCPref, SO1, p. 128, grifo nosso).

[7] Cf. o original: "*Mathematicam demonstrandi rationem, ac ordinem contineanti,* [...]" (PPCPref, SO1, p. 128).

justificativa de sua afirmativa, Meyer compara o método empregado por Descartes e o método utilizado pelos Geômetras, escrevendo que neste último, "[...] as proposições e suas demonstrações se subordinam às definições, postulados e axiomas previamente expostos, [...]" (*Ibid.*, p. 129). Ressalte-se que esta definição do método geométrico é em tudo coincidente com a primeira definição de Meyer para o método matemático em geral. Donde, pode-se depreender que o elemento que distingue o método geométrico dos outros métodos matemáticos, é a presença de determinados elementos, como por exemplo, as definições, os postulados e os axiomas, que irão condicionar as conclusões que a ele se seguirão de forma necessária e evidente, em estreita ordem.

Sobre o método matemático utilizado por Descartes, Meyer escreve que é um "[...] um procedimento [8] muito distinto deste, que ele chama de **analítico** e que considera a verdadeira e a melhor via [*viam*] para ensinar." (PPCPref, SO1, p. 129, grifo do autor). Esta definição da análise em Descartes, está por sua vez, fundamentada nas *Secundæ Responsiones* de Descartes e que é citada por Meyer ao fim do parágrafo, na qual o autor das *Meditationes* descreve aos seus contraditores, duas formas de demonstração apodíctica, o caminho da descoberta, ou a análise, "[...] que mostra o verdadeiro caminho pelo qual a coisa foi descoberta metodicamente e como que *a priori*; [...]" (PPCPref, SO1, p. 129) [9] e o caminho da exposição, ou a

---
[8] Atilano Domínguez em sua tradução dos PPC acrescenta aqui o termo *método*, ausente do original latino. (PPC, 1988b, p. 129).

[9] Pelo emprego dos termos *a priori*, nota-se que esta citação de Meyer teve por base o texto latino das *Meditationes de Prima Philosophia.*" (AT-VII, *Secundæ Responsiones*, p. 155), e não a versão francesa de Clerselier, na qual os termos citados estão ausentes.

CAPÍTULO III: A ORDEM E O MÉTODO GEOMÉTRICO EM SPINOZA

síntese, "[...] que se serve de uma longa série de definições, postulados [*petitionum*], axiomas, teoremas e problemas, suscetíveis de, se não se negam certas consequências que estão contidas em seus antecedentes, forçar o leitor, por oposto e obstinado que seja, a dar seu assentimento." (*Ibid.*, p. 129).

No quinto parágrafo, Meyer ressalta que apesar das duas formas de demonstração serem apodícticas e a certeza ocorrer nas duas, visto ambas compartilharem a *ordem matemática*, "[...] elas não são igualmente úteis e cômodas para todos." (PPCPref, SO1, p. 129), pois devido à inexperiência nas ciências matemáticas e "[...] absolutamente ignorantes do método [*methodi*] em que foram escritas, o sintético, e inventadas, o analítico, são incapazes de compreender eles mesmos as coisas que se tratam nestes livros." (*Ibid.*, p. 129). Nesta passagem, claramente inspirado no texto latino das *Meditationes* de Descartes, Meyer está explicitamente reconhecendo que há uma distinção e uma especificidade para cada método: enquanto o método analítico presta-se à invenção, o método sintético presta-se à redação. A seguir, numa demonstração desta especificidade, Meyer acrescenta que devido à confusão reinante entre os cartesianos acerca do método das *ciências matemáticas*, ele sempre desejou que um perito "[...] tanto na ordem [*ordinis*][10] analítica quanto na sintética e familiarizado sobretudo com os escritos de Descartes e profundo conhecedor de sua filosofia, pusesse mãos à obra e se decidisse a redigir em ordem [*ordine*] sintética o que aquele havia escrito em

---

[10] Atilano Domínguez em sua tradução dos PPC utiliza aqui o termo *método* (PPC, 1988b, p. 130), enquanto no original latino está *ordine* (PPCPref, SO1, p. 129).

ordem analítica, e a demonstrar como costumam fazer os Geômetras." (*Ibid.*, p. 129)[11].

Pelo exposto, podemos observar que a cada uma das formas de demonstração, irá corresponder uma forma de exposição ou de redação: à demonstração analítica, corresponde a exposição ou a redação analítica; à demonstração sintética, corresponde a exposição ou redação sintética. Ademais, notamos também que o método e a ordem são afirmados por Meyer como intercambiáveis, isto é, um tema não só pode ser demonstrado, exposto ou redigido em ordem analítica, quanto pode ser demonstrado, exposto ou redigido em ordem sintética, como também pode ser demonstrado em ordem analítica e exposto ou redigido em ordem sintética e vice-versa; como por exemplo, no caso de Descartes nas *Secondes Reponses*: a uma demonstração analítica é possível corresponder uma exposição sintética (*Disposição Geométrica*).

Este é o motivo pelo qual Meyer pode afirmar que Descartes utiliza o método matemático, mas não o Geométrico conforme Euclides, ou seja, a maneira característica dos Geômetras, segundo os *Elementos* de Euclides, é a forma de demonstrar e expor (redigir) em ordem sintética. Descartes, ao contrário, demonstra e expõe (redige) em ordem analítica. Ora, se a ordem é o elemento comum ao método matemático, o que irá diferenciar o método euclidiano do método de Descartes

---

[11] Cf. o original: "*Quocirca, ut his aliquid subsidii ad ferretur, sæpenumero optavi, aliquem tam Analytici, quam Synthetici ordinis peritum, ac in scriptis Cartesi apprime versatum, illiusque Philosophiæ peritus gnarum, manum operi admovere, & quæ ille ordine Analytico conscripserat, in Syntheticum redigere, ac more Geometris familiari demonstrare velle.*" (PPCPref, SO1, p. 129).

Capítulo III: A Ordem e o Método Geométrico em Spinoza

será a ordem analítica e a ordem sintética, ou seja, o método é analítico quando os seus elementos estão dispostos numa ordem analítica; e é sintético quando, à semelhança dos *Elementos* de Euclides, as proposições e suas demonstrações se subordinam às definições, postulados e axiomas previamente expostos.

Para Meyer, e por extensão, para Spinoza, Descartes ao demonstrar e expor ou redigir em ordem analítica, está utilizando o método e a ordem demonstrativa das matemáticas, mas não geometricamente; ou ainda, não conforme a ordem específica dos Geômetras, segundo os *Elementos* de Euclides: a ordem sintética. Já Spinoza vai utilizar o método e a ordem demonstrativa das matemáticas, à maneira dos Geômetras, ou seja, vai demonstrar e expor, ou redigir, em ordem sintética, na ordem própria dos Geômetras, conforme os *Elementos* de Euclides. Donde, por um lado, só poderemos aceitar como válida a afirmativa de que Descartes demonstrou e redigiu *Ordine Geometrico demonstrata* se negarmos que os Geômetras possuam uma ordem específica, a sintética; ou, utilizando o termo *Geometrico* de forma que abarque toda e qualquer demonstração e exposição ou redação matemáticas, isto é, a análise e a síntese. Ora, está claramente demonstrado, e inclusive o próprio Descartes reconhece que os Geômetras possuem uma ordem específica; logo, a primeira hipótese não é possível. Quanto ao uso abrangente do termo *Geometrico*, especificamente aplicado a Descartes, foi interdito por Meyer pelas razões que expomos acima. Por outro lado, só poderemos afirmar que Spinoza demonstrou e expôs ou redigiu *More Geometrico demonstrata*, se considerarmos o termo *Geometrico* como equivalente a

Euclidiano. Porém, neste caso, teríamos que aceitar que o método utilizado por Descartes e por Spinoza não têm distinções. Tal afirmação também não é aceitável, pois como vimos, o método de Descartes não possui a especificidade que possui o método de Spinoza e de Euclides: a ordem sintética, ou seja, o método em Spinoza não é apenas geométrico, ele é geométrico/euclidiano. Nesta última consideração, temos uma exceção nas *Segundas Objeções*, na qual Descartes vai expor ou redigir em ordem sintética o que anteriormente demonstrou em ordem analítica: trata-se da *Demonstração Geométrica*, que tem por subtítulo More Geometrico Dispositæ, ou seja, Descartes reconhece com o termo *Dispositæ* que, a pedido de seu correspondente, está apenas expondo ou redigindo à maneira dos Geômetras, ou seja, em ordem sintética. Portanto, podemos afirmar que Descartes demonstra e expõe ou redige, *More Geometrico*, mas não *Ordine Geometrico*. Enquanto Spinoza, demonstra e expõe ou redige, *Ordine Geometrico*.

3.2 A concepção deleuzeana de método para a *Ética*

Considerando o subtítulo da *Ética, Ordine geometrico demonstrata*, Maria Carmen Casillas Guisado afirma que o método empregado na obra é dedutivo (1999, p. 199). Esta associação entre o método empregado por Spinoza e o subtítulo da *Ética*, permite-nos aventar a hipótese de que Spinoza fazia distinção entre a demonstração *More Geometrico Demonstrata* e *Ordine Geometrico Demonstrata*, utilizando os primeiros ao referir-se ao método empregado por Descartes e os segundos ao referir-se ao seu próprio método. De fato, analisando a incidência da expressão *More Geometrico*

Capítulo III: A Ordem e o Método Geométrico em Spinoza

nos outros textos de Spinoza, bem como em suas *Cartas*, sempre que a encontramos, com apenas duas possíveis exceções, ela está vinculada à obra PPC, que tem por tema a Metafísica de Descartes. Esta vinculação ocorre de duas maneiras: ou no interior da obra propriamente dita, como, por exemplo, no título geral (SO1, p. 125) e nos títulos das partes I, II e III (SO3, p. 141, p. 181, p. 227); ou, quando o PPC está sendo citado como, por exemplo, nas *Cartas* 13, 14 e 19 (SO4, p. 63, 70 e 94) e nas anotações do TTP para o capítulo VI (SO3, p. 253). Quanto às duas possíveis exceções, ou referências de Spinoza que não possam ser afirmadas como diretamente relacionada aos PPC, a primeira se encontra na *Carta* 2 (SO4, p. 8), imediatamente antes da nota 56; nota esta que remete à *Ética* e que foi posteriormente acrescentada pelos editores das *Obras Póstumas*. Como sabemos que os responsáveis pela edição das *OP* editaram as obras de Spinoza, e em particular as *Cartas*, esta exceção pode ser desconsiderada, se atentarmos para a hipótese de uma possível alteração por parte dos editores nesta passagem do texto. Além disso, o anexo citado, *separatim mitto*, não chegou até nós e restam muitas dúvidas acerca de qual obra se trata[12].

Já a segunda possível exceção, encontrada no *Prefácio* da Parte 3 da *Ética*, é sem dúvida nenhuma originária da pena de Spinoza. Todavia, não nos parece constituir de fato uma exceção, pois, a expressão *more*

---

[12] Atilano Domínguez, em sua tradução das *Cartas*, pela comparação do conteúdo do anexo referido na Ep 2, com o conteúdo citado em outras *Cartas*, conclui que este anexo é análogo ao começo do *Apêndice* I do KV (axiomas 1-7 e proposições 1-4) e também à primeira parte da *Ética*, até a proposição 8. (1988a, p. 81).

Geometrico encontra-se num prefácio, que possui um caráter *não geométrico*, ou melhor, *não conceitual*, e por conseguinte, polêmico. Ademais, se observarmos o contexto em que ela se encontra, nota-se que estamos no cerne de uma polêmica dirigida contra àqueles que "[...] preferem detestar ou ridicularizar os afetos e as ações dos homens." (E3Pref, SO2, p. 138), logo após uma citação sobre Descartes, inserida numa frase que prepara e antecede o ápice do *Prefácio*, ou a afirmativa explícita da intenção spinozista nesta parte: "[...] tratar dos vícios dos homens e das suas inépcias à maneira dos geômetras [*more Geometrico*] e que queira demonstrar por um raciocínio rigoroso o que eles não cessam de proclamar contrário à razão, vão, absurdo e digno de horror." (*Ibid.*, p. 138).

De qualquer forma, mesmo no caso dessas incidências constituírem exceções, isto não nos parece suficiente para invalidar nossa hipótese, dado o número de incidências contrárias, como veremos a seguir.

De fato, no que concerne à incidência da expressão *ordine Geometrico* na obra de Spinoza, sempre a encontramos inequivocamente vinculada ao método por ele utilizado em sua *Philosophia*. Como por exemplo, no já citado subtítulo da *Ética* (SO2, p. 43), ou no escólio da proposição 18 da Parte 4 da *Ética* (SO2, p. 222), no qual Spinoza reconhece explicitamente a adoção da ordem (*Ordine*) geométrica[13]; ou ainda, na *Carta* 58 (SO4, p. 268), na qual Spinoza faz referência aos *Pensamentos*

---

[13] Quanto a esta incidência, pode-se argumentar o mesmo que argumentamos contra a segunda possível exceção ao emprego por parte de Spinoza, da expressão *More geometrico*, como sendo de emprego próprio aos PPC, ou a textos equivalentes, ou seja, textos com demonstrações matemáticas, mas não demonstrados geometricamente.

CAPÍTULO III: A ORDEM E O MÉTODO GEOMÉTRICO EM SPINOZA

Metafísicos (CM), que é um *Apêndice* aos PPC, no qual Spinoza expõe o seu próprio pensamento, ao contrário dos PPC, em que expõe o pensamento de Descartes. Sem dúvida, a mais importante das incidências citadas, é a do subtítulo da *Ética*, não só por ser esta obra a mais acabada de todas, mas também porque é nesta obra que a demonstração e a exposição *Ordine geometrico* está mais delineada.

Para H. G. Hubbeling, a *Ordine geometrico demonstrata* utilizada por Spinoza na *Ética* – ou, o que vem a ser o mesmo, a consideração dos temas ali tratados numa determinada ordem, começando pelas definições e axiomas, e a partir destes, inferir suas teses – equivale ao que hoje é denominado *método axiomático*. A rigor, o método contemporâneo equivalente ao método empregado por Spinoza seria o método denominado *axiomático/formal*; mas, Hubbeling escreve que utiliza aquela denominação para o método empregado por Spinoza, e não esta última, pois não encontramos neste autor a abstração dos enunciados a partir dos conteúdos, "[...] tal como encontramos, por exemplo, nos *Principia Mathematica* de Bertrand Russell e Alfred North Whitehead, donde se abstraem do conteúdo os enunciados." (1981, p. 35). Portanto, conclui Hubbeling, "[...] seu método pode muito bem chamar-se um **método axiomático informal**." (*Ibid.*, p. 35, grifo nosso).

Paul-Louis Couchoud, numa análise mais apurada da composição da *Ética*, ao escrever sobre o estilo em que a *Ética* foi composta, afirma que "Nem tudo está invadido pela forma geométrica. Perto de uma metade – uma centena de páginas sobre duzentas e trinta está ocupada pelos prefácios, pelos apêndices e sobretudo por longos escólios; esta parte está em estilo simplesmente filosófico." (1902, p. 159). Após esta descrição do conjunto, Couchoud irá descrever cada uma destas partes em separado, afirmando que há uma parte *não geométrica*, excessivamente concisa, árida, com falta de fôlego e na qual as proposições importantes não estão ainda destacadas; e uma outra parte, por ele descrita como sendo *puramente geométrica*, que compreende as proposições e as demonstrações. (1902, p. 164)[14].

No entanto, Couchoud ressalta acerca da parte *puramente geométrica*, "[...] não somente que ela retira da obra todo valor literário, mas que ela compromete-lhe gravemente o valor filosófico." (1902, p. 164). Donde, podemos observar que Couchoud não só considera a forma geométrica da *Ética* como negativa, mas também que a sua utilização por parte de Spinoza foi por uma simples questão de estilo, ou de aparência exterior, e, como um adendo desajeitado, ela pode ser considerada extrínseca ao sistema, não tendo nenhuma conexão com sua *Philosophia*. Ademais, a conclusão de Couchoud acerca dos argumentos desenvolvidos nesta obra, como não sendo mais do que "[...] o desenvolvimento extremo do princípio de argumentação escolástico." (*Ibid.*, p. 164), além de reforçar sobremaneira esta perspectiva, de maneira semelhante a que vimos em Harry Austryn Wolfson com sua hipótese da *Ethica more scholastico rabbinicoque demonstrata*, anuncia Spinoza como um

---

[14] Victoria Camps também assinala o duplo caráter da *Ética*: "*En Spinoza veo también algo así como dos éticas, si es lícito decirlo así: la que derivaría del conocimiento racional y la que procede del conocimiento imaginativo.*" (1999, p. 65). Entretanto, assim como Couchoud, Camps também não vai além deste registro.

seguidor da Escolástica ou um possível discípulo de Aristóteles[15].

Consideradas as devidas proporções, devido à distância no tempo e às respectivas conclusões, podemos perceber que Couchoud, ao assinalar o duplo caráter da *Ética*, composta por uma parte não geométrica e uma outra puramente geométrica, está antecipando o que Gilles Deleuze irá desenvolver posteriormente: a *Ética* não é um livro homogêneo, com partes iguais e de mesma natureza. No dizer de Deleuze, "Esse livro, um dos maiores do mundo, não é como se acreditava inicialmente: não é homogêneo, retilíneo, contínuo, sereno, navegável, linguagem pura e sem estilo." (1997, p. 156).

A principal consequência da perspícua análise de Couchoud, ao perceber as distintas redações da *Ética* de Spinoza, seria estabelecer a relação entre as diferentes formas expositivas e as diferentes formas demonstrativas, ou seja, que às diferentes formas de redação correspondem diferentes argumentos, demonstrações e relações. Muito provavelmente o que impossibilitou Couchoud de extrair esta consequência, foi sua conclusão acerca da filiação de Spinoza à Escolástica, acrescida da sua consequente adesão à perspectiva do uso da forma geométrica como extrínseca ao sistema. Caso tivesse estabelecido a relação entre as formas redacionais e as formas demonstrativas, a conclusão de Couchoud seria oposta: o uso da forma geométrica seria intrínseco ao sistema, ou seja, as formas redacionais encontradas são devidas a uma necessidade do método empregado por Spinoza.

---

[15] Cf. *supra*, Cap. II, 2.2.1, *O método como um recurso literário*.

Para Deleuze, ao contrário, a Filosofia de Spinoza é uma lógica[16] cuja natureza e regras são o objeto do método. E é no *Tratado da Reforma do Entendimento* (TIE) que Spinoza nos apresenta este método em duas partes, concernindo a primeira, inicialmente, sobre a ideia verdadeira, ou à ideia da ideia, ou ainda, à ideia reflexiva; e a segunda, concernindo sobre o conteúdo da ideia verdadeira ou à ideia como adequada. Donde, "[...] a primeira parte do método não consiste em nos fazer conhecer nenhuma coisa, mas em nos fazer conhecer nossa potência de compreender." (DELEUZE, 1985, p. 114), ou seja, "[...] o método nada mais é do que o conhecimento reflexivo, ou a ideia da ideia." (TIE, § 38). Neste sentido, "A potência de compreender que pertence a uma ideia, é a potência de pensar do próprio Deus, enquanto ele se 'explica' por esta ideia." (DELEUZE, 1985, p. 115), e a reflexão, ou "[...] ideia da ideia, é a ideia considerada em sua forma, enquanto ela possui uma potência de compreender ou de conhecer (como parte da potência absoluta de pensar)." (*Ibid.*, p. 115), ou seja, é a relação entre a forma da verdade e a reflexão, afirmado por Spinoza no TIE[17]. A segunda parte do método concerne ao conteúdo da ideia verdadeira, ou à ideia adequada, pois esta não é outra coisa do que a ideia verdadeira considerada sob o ponto de vista da matéria. Assim, como na primeira parte do método a ideia

---

[16] A este respeito, cf. o artigo de Léon Brunschvicg, *La Logique de Spinoza* (1893, p. 453-467).

[17] "[...] uma vez que o método consiste no próprio conhecimento reflexivo, esse fundamento que deve dirigir nossos pensamentos não pode ser outro senão o conhecimento do que constitui a forma da verdade, e o conhecimento do entendimento, das suas propriedades e forças;" (TIE, § 105).

CAPÍTULO III: A ORDEM E O MÉTODO GEOMÉTRICO EM SPINOZA

verdadeira se definiu como ideia reflexiva, aqui, na segunda parte, ela vai se definir como ideia expressiva, pois, enquanto ideia adequada ela "[...] é precisamente a ideia como exprimindo sua causa." (*Ibid.*, p. 119), ou seja, "Nós temos uma ideia adequada na medida que, da coisa sobre a qual nós concebemos claramente certas propriedades, nós damos uma definição **genética**, da qual decorrem ao menos todas as propriedades conhecidas (e mesmo outras que nós não conhecemos)." (*Ibid.*, p. 120, grifo do autor). Donde, Deleuze afirmar o método spinozista como "[...] um método reflexivo e sintético: reflexivo porque compreende o conhecimento do efeito pelo conhecimento da causa; sintético porque engendra todas as propriedades do efeito a partir da causa conhecida como razão suficiente." (*Ibid.*, p. 120).

Portanto, justifica-se a afirmativa de Deleuze de que a *Ética* não comporta somente duas, mas sim três formas de redação, que estão em estreita vinculação com os argumentos expostos; e estes por sua vez, enquanto formas de expressão, correspondem aos três gêneros de conhecimento: imaginativo, racional e dedutivo. Assim, a primeira forma de redação, a parte não geométrica, composta de apêndices, escólios, corolários, etc. relaciona-se com o primeiro gênero de conhecimento ou com a imaginação, definindo-se por isto mesmo pelos signos equívocos, que envolvem o conhecimento inadequado das coisas e das leis, exprimindo as condições naturais da nossa existência enquanto não temos ideias adequadas. A segunda forma de redação, a parte geométrica, ou ainda, como escreve Couchoud, a parte "puramente geométrica", composta de proposições com suas respectivas demonstrações, postulados, teoremas, etc. relaciona-se com o segundo gênero ou com o entendimento, definindo-se por isto mesmo pelas noções comuns, pela composição de relações, ou pelo esforço da razão em organizar os encontros entre os modos existentes sob relações que se compõem em alguns casos pela duplicação, e em outros, pela substituição dos afetos passivos pelos afetos ativos que decorrem das próprias noções comuns. A Parte 5, ou pelo menos sua maior parte, relaciona-se ao terceiro gênero ou à intuição, definindo-se por isto mesmo pelo conhecimento das essências: o atributo não é mais captado como uma noção comum aplicável a todos os modos existentes, mas como forma comum – isto é, unívoca – à substância cuja essência constitui e às essências de modo que ele contém como essências singulares.

Neste sentido, Deleuze irá considerar o signo como "[...] o que desencadeia um afeto, o que vem efetuar um poder de ser afetado [...]" (1998, p. 74), escrevendo que, a despeito dos vários sentidos que um signo possa ter, ele sempre será um efeito; e "Um efeito é, primeiramente, o vestígio de um corpo sobre o outro, o estado de um corpo que tenha sofrido a ação de um outro corpo: é uma *affectio* [...]" (1997, p. 156), que como tal, "[...] indica a natureza do corpo afetado e envolve apenas a natureza do corpo afetante." (*Ibid.*, p. 156).

Segundo Deleuze, os signos ainda podem ser de dois tipos: escalares e vetoriais. Os primeiros, "[...] exprimem nosso estado num momento do tempo e se distinguem assim de um outro tipo de signos: é que o estado atual sempre é um corte de nossa duração e determina, a esse título, um aumento ou uma diminuição, uma expansão ou uma restrição de nossa existência na

CAPÍTULO III: A ORDEM E O MÉTODO GEOMÉTRICO EM SPINOZA

duração em relação ao estado precedente, por mais próximo que este esteja." (1997, p. 156-157). Os segundos, são os afetos, enquanto signos de crescimento e de decréscimo, enquanto "São passagens, devires, ascensões e quedas, variações contínuas de potência que vão de um estado a outro [...]" (Ibid., p. 157). Os signos escalares de afecção se dividem por sua vez em quatro tipos principais: (1) os indicativos ou efeitos físicos sensoriais ou perceptivos – envolvem tão somente a natureza de sua causa e indicam nossa própria natureza mais do que outra coisa; (2) os abstrativos ou efeitos parciais a nossa natureza, sendo finita, reterá daquilo que a afeta somente tal ou qual característica selecionada; (3) os imperativos ou efeitos morais – o signo, sendo sempre um efeito, será por nós tomado como um fim, ou a ideia do efeito pela causa; (4) os hermenêuticos ou interpretativos ou efeitos imaginários – nossas sensações e percepções nos fazem pensar em seres suprassensíveis que seriam sua causa última, e, inversamente, nós nos figuramos esses seres à imagem desmesuradamente aumentada daquilo que nos afeta. (1997, p. 156-157).

Já os signos vetoriais de afeto, Deleuze irá dividi-los em dois, "[...] conforme o vetor seja de aumento ou de diminuição, de crescimento ou de decréscimo, de alegria ou de tristeza." (1997, p. 158), ou seja, eles podem ser potências aumentativas ou servidões diminutivas. A estes, Deleuze acrescenta um terceiro tipo, os signos ambíguos ou flutuantes, "[...] quando uma afecção a um só tempo aumenta e diminui nossa potência, ou nos afeta ao mesmo tempo de alegria e de tristeza." (Ibid., p. 158).

Mas, independente do tipo ao qual pertença, os signos têm como características comuns "[...] a associabilidade, a variabilidade e a equivocidade ou a analogia." (DELEUZE, 1997, p. 158). Além disso, enquanto estados de corpos, misturas de corpos – afecções – e variações de potência – afetos –, os signos remetem aos próprios signos, pois, como escreve Deleuze: "Os signos **não têm por referente direto objetos**." (*Ibid.*, p. 158, grifo do autor). Eles têm "[...] por referente misturas confusas de corpos e variações obscuras de potência, segundo uma ordem que é a do acaso ou do encontro fortuito entre os corpos." (*Ibid.*, p. 158-159). Trata-se, segundo Deleuze, da divisão que Spinoza faz da "[...] causalidade em duas cadeias bem distintas: os efeitos entre si, sob a condição de que as causas, por seu turno, sejam apreendidas entre si. Os efeitos remetem aos efeitos, assim como os signos remetem aos signos: consequências separadas de suas premissas." (*Ibid.*, p. 159).

Já as noções comuns, como oposição determinante aos signos, "[...] **são conceitos de objetos**, e os objetos são causas." (DELEUZE, 1997, p. 159, grifo do autor). Trata-se aqui da apreensão verdadeira pelo entendimento das estruturas dos corpos, enquanto no primeiro gênero – ou no que concernia aos signos –, tratava-se de captar pela imaginação apenas a sombra de um corpo sobre o outro. E esta estrutura captada pelo entendimento "[...] é geométrica, e consiste em linhas sólidas, mas que se formam e se deformam, agindo como causa. O que constitui a estrutura é uma relação composta, de movimento e repouso, de velocidade e lentidão, que se estabelece entre as partes infinitamente pequenas de um corpo transparente." (*Ibid.*, p. 159-160). Além disso, Deleuze as considera como "[...] ritmo, isto é, encadeamento de figuras que compõem e decompõem suas relações." (*Ibid.*, p. 160), e, por conseguinte, a estrutura "[...] é a causa da inconveniência entre corpos, quando as relações se decompõem, e das conveniências, quando as relações compõem alguma nova relação." (*Ibid.*, p. 160), considerada numa dupla direção simultânea. Donde,

> A estrutura sempre tem vários corpos em comum e remete a um conceito de objeto, isto é, a uma noção comum. **A estrutura ou o objeto é formado por dois corpos pelo menos**, sendo cada um destes formado por dois ou mais corpos ao infinito, que se unem no outro sentido em corpos cada vez mais vastos e compostos, até o único objeto da natureza inteira, estrutura infinitamente transformável e deformável, ritmo universal, *Facies totius Naturæ*, modo infinito. (*Ibid.*, p. 160, grifo do autor).

Portanto, a distinção entre os signos, referentes ao primeiro gênero, e os conceitos do segundo gênero, é irredutível e insuperável, pois, "Os signos ou afetos são ideias inadequadas ou afecções; as noções comuns ou conceitos são ideias adequadas das quais decorrem verdadeiras ações." (DELEUZE, 1997, p. 161). E, como vimos acima, os signos remetem aos signos, os efeitos remetem aos efeitos, "[...] segundo um **encadeamento associativo** que depende de uma ordem como simples encontro ao acaso dos corpos físicos." (*Ibid.*, p. 162, grifo do autor), enquanto os conceitos remetem aos conceitos, assim como as causas às causas, "[...] segundo um **encadeamento dito automático**, determinado pela ordem necessária das relações ou proporções, pela sucessão determinada de suas transformações e deformações." (*Ibid.*, p. 162, grifo do autor).

Para Deleuze, é na Parte 2 da *Ética*, mais precisamente nas proposições 37 a 40, que Spinoza afirma as noções comuns como "[...] a representação duma composição entre dois ou vários corpos, e de uma unidade desta composição." (2002, p. 98-99). Enquanto tal, elas são necessariamente ideias adequadas, pois elas estão presentes tanto na parte quanto no todo. (E2P38 e E2P39). Entretanto, cabe aqui a ressalva de Deleuze, de que elas não são denominadas comuns por serem comuns a todos, e sim "[...] porque representam algo de comum aos corpos: quer a todos os corpos (a extensão, o movimento e o repouso), quer a alguns corpos (no mínimo dois, o meu e outro)." (2002, p. 98), ou seja, as noções comuns podem ser de dois tipos, conforme o elemento comum esteja presente de forma universal – ou convindo a todos os corpos –, ou conforme convém de forma menos geral, ou àquelas que convém a no mínimo dois corpos ou mais. Segundo Deleuze, aqui, trata-se "[...] de uma ordem de aplicação, na qual partimos das mais gerais para compreendermos interiormente a aparição das desconveniências a níveis menos gerais. As noções comuns, portanto, são aqui supostamente dadas." (2002, p. 99). É esta perspectiva que empresta às noções comuns a "[...] impressão de que nada devem aos signos." (1997, p. 162).

É na Parte 5 da *Ética*, entretanto, ao tratar da ordem de formação ou da gênese das noções comuns, que Spinoza afirma as primeiras noções comuns como sendo as menos gerais, as que representam qualquer coisa de comum entre o meu corpo e um outro que me afeta de alegria ou de tristeza. Como escreve a este respeito Deleuze: "[...] é preciso que ao menos certos signos nos

Capítulo III: A Ordem e o Método Geométrico em Spinoza

sirvam de trampolim e que certos afetos nos proporcionem o impulso necessário." (1997, p. 162). Destas primeiras noções comuns decorrem afetos de alegria que já não são afecções, mas alegrias ativas que vêm, por um lado, contornar as primeiras afecções, e por outro lado, substituí-las. Estas primeiras noções comuns e os afetos ativos que delas dependem, possibilitam-nos formar noções comuns mais gerais, através das quais exprimi-se o que há de comum, mesmo entre o nosso corpo e os corpos que não lhe convém, que lhe são contrários ou que o afetam de tristeza. Por sua vez, destas novas noções comuns, decorrem ainda novos afetos de alegria ativa que vêm contornar as tristezas e substituir as afecções nascidas das tristezas.

  Segundo Deleuze, "A *Ética*, pelo menos na sua quase totalidade, está escrita em noções comuns, a começar pelas mais gerais e com um desenvolvimento incessante de suas consequências." (1997, p. 163). É este incessante desenrolar que Deleuze utiliza como fundamento para sua afirmativa da *Ética* como um sistema discursivo e dedutivo, com o aspecto de um longo rio tranquilo e poderoso, no qual "As definições, os axiomas, os postulados, as proposições e corolários formam um curso grandioso." (*Ibid.*, p. 163-164). É a *Ética* enquanto discurso do conceito, na qual as ideias inadequadas e as afecções, quando são tratadas num de seus elementos constituintes, como por exemplo, nas proposições ou em suas respectivas demonstrações, é tão somente para "[...] denunciar-lhes a insuficiência, para as repelir tanto quanto possível como outros tantos sedimentos das margens." (*Ibid.*, p. 164).

  A esta primeira *Ética* dos conceitos, das noções comuns, a este rio de curso grandioso que representa a cadeia demonstrativa, há uma outra *Ética*, "[...] há um outro elemento que só aparentemente é da mesma natureza que os precedentes. São os 'escólios', que apesar de inseridos na cadeia demonstrativa possuem um tom de todo diferente [...]" (DELEUZE, 1997, p. 164), constituindo-se mesmo numa segunda *Ética*, que Deleuze chega a firmar que está redigida num "[...] outro estilo, **quase uma outra língua**." (*Ibid.*, p. 164, grifo nosso), que têm "[...] um só e mesmo sentido, mas não a mesma língua, como duas versões da linguagem de Deus." (*Ibid.*, p. 165). Os escólios com sua forma ostensiva e polêmica, remetem-se na maior parte das vezes aos próprios escólios, chegando mesmo a constituírem-se "[...] numa cadeia específica, distinta da dos elementos demonstrativos. Inversamente, as demonstrações não remetem aos escólios, mas a outras demonstrações, definições, axiomas e postulados." (*Ibid.*, p. 164). Mas, apesar de constituírem uma cadeia distinta, a cadeia dos escólios não é independente da cadeia demonstrativa; ao contrário, os escólios ainda que operando das sombras, como num segundo plano, estão em perfeita sintonia com a *Ética* dos conceitos, pois eles constantemente estão se esforçando para "[...] desemaranhar aquilo que nos impede e aquilo que, ao contrário, nos permite chegar à noções comuns, aquilo que diminui nossa potência e aquilo que a aumenta, os tristes signos de nossa servidão e os signos alegres de nossas liberações." (*Ibid.*, p. 164).

Neste sentido, sua inserção na cadeia demonstrativa ocorre, segundo Deleuze, "[...] menos porque dela fazem parte do que porque a cortam e recortam, em virtude de sua natureza própria." (1997, p. 164). E eles atuam "[...] como uma cadeia quebrada, descontínua, subterrânea,

Capítulo III: A Ordem e o Método Geométrico em Spinoza

vulcânica, que a intervalos irregulares vem interromper a cadeia dos elementos demonstrativos, a grande cadeia fluvial e contínua." (*Ibid.*, p. 164), na qual, "[...] cada escólio é como um farol que troca seus sinais com outros, a distância e através do fluxo das demonstrações." (*Ibid.*, p. 164). Em suma, escreve Deleuze, "É o livro dos Signos, que acompanha incessantemente a *Ética* mais visível, o livro do Conceito, e que só surge por conta própria em pontos de explosão." (*Ibid.*, p. 164), coexistindo ambas as *Éticas* com suas especificidades, "[...] uma desenrolando as noções livres conquistadas à luz das transparências, enquanto a outra, no mais profundo da mistura escura dos corpos, prossegue o combate entre as servidões e as liberações." (*Ibid.*, p. 164-165) e cujo ponto de confluência entre os escólios e as demonstrações, seriam "Os prefácios e apêndices, que marcam o início e o fim das grandes partes, são como estações em que o navio que navega pelo rio permite que subam a bordo novos viajantes e desembarquem outros, antigos;" (*Ibid.*, p. 165). Os corolários, por sua vez, constituem o ponto de retorno "[...] circularmente à proposição demonstrada." (*Ibid.*, p. 165).

É justamente a partir da distinção entre os escólios e os demais elementos, que Deleuze irá efetuar a primeira divisão na *Ética*: entre a *Ética* dos signos ou do primeiro gênero e a *Ética* dos conceitos ou do segundo gênero. Mas, Deleuze ressalta que talvez haja ainda uma terceira *Ética*, representada pela Parte 5, ou ao menos por grande parte desta: "É o terceiro elemento da lógica de Spinoza: não mais signos ou afetos, nem os conceitos, mas as essências ou singularidades, os perceptos." (1997, p. 166).

Neste caso, seria necessário que esta terceira *Ética* tivesse um método próprio, diferente das duas outras.

Isto não parece ocorrer, já que ela está constituída da mesma forma que as outras duas *Éticas*: elementos demonstrativos e escólios. Mas aqui estes adquirem "[...] um ar selvagem e inusitado, [...]" (1997, p. 167), que fazem com que esta Parte 5 pareça "[...] uma versão provisória, um rascunho: as proposições e as demonstrações são atravessadas por hiatos tão violentos, comportam tantas elipses e contrações que os silogismos parecem substituídos por simples 'entimemas'[18]." (*Ibid.*, p. 167). Entretanto, estas elisões ou falhas da Parte 5 "[...] não são imperfeições no exercício do método, nem maneiras de cortar caminho, porém convêm perfeitamente às essências, porquanto superam qualquer ordem de discursividade e de dedução. Não são simples procedimentos de fato, mas todo um procedimento de direito." (*Ibid.*, p. 168), pois "[...] no nível dos conceitos, o método geométrico é um método de exposição que exige completude e saturação; por isto as noções comuns são expostas por si mesmas, a partir das mais universais, como numa axiomática, sem que seja preciso perguntar como é que se chega a **uma** noção comum." (*Ibid.*, p. 168, grifo do autor). Enquanto aqui na Parte 5, o método geométrico é "[...] um método de invenção que procede por intervalos e saltos, hiatos e contrações, à maneira de um cão que procura, mais do que de um homem racional que expõe." (*Ibid.*, p. 168).

Como exemplo, Deleuze cita a proposição 10: "Durante o tempo em que nós não conflitamos com os afetos que são contrários a nossa natureza, temos o poder

---

[18] Nota de Deleuze: "Cf. Aristóteles, *Premiers Analytiques*, II, 27: o entimema é um silogismo em que uma ou outra premissa está subentendida, oculta, suprimida, elidida. [...]" (1997, Nota 9, p. 167).

Capítulo III: A Ordem e o Método Geométrico em Spinoza

de ordenar e encadear as afecções do nosso corpo segundo uma ordem relativa ao entendimento." (E5P10), acerca do qual escreve que entre a oração subordinada e a oração principal, evidencia-se "[...] uma falha imensa, um intervalo, pois os afetos contrários a nossa natureza nos impedem antes de tudo de formar noções comuns, já que eles dependem de corpos que desconvêm com o nosso;" (1997, p. 169). E, ao contrário, "[...] cada vez que um corpo convêm com o nosso, e aumenta nossa potência (alegria), uma noção comum aos dois corpos pode ser formada, da qual decorrerão uma ordem e um encadeamento ativos das afecções." (*Ibid.*, p. 169). Podemos notar que nessa falha deliberadamente escavada, "[...] as ideias de conveniência entre dois corpos e de noção comum restrita só possuem presença implícita, e ambas só aparecem caso se reconstitua uma cadeia que falta: intervalo duplo." (*Ibid.*, p. 169), evidenciando que os "[...] os intervalos e hiatos têm por função aproximar ao máximo termos distantes como tais e garantir assim uma velocidade de sobrevôo absoluto." (*Ibid.*, p. 169).

Referências Bibliográficas

REFERÊNCIAS BIBLIOGRÁFICAS

ABREU, Luís Machado de. **Spinoza – A Utopia da Razão.** Lisboa: Vega, 1993. (Colecção Vega Universidade).

ABREU, Luís Machado de. *Uma Apologia de Spinoza – O Prefácio às Obras Póstumas.* **Revista da Universidade de Aveiro/Letras**, Aveiro (Portugal), VIII-6, p. 293-329, 1985.

AKKERMAN, Fokke. *Vers une meilleure édition de la correspondance de Spinoza ?* **Revue Internationale de Philosophie.** *Spinoza (1632-1677).* Bruxelles, [Imprimerie UNIVERSA], année 31º, n. 119-120, fasc. 1-2, p. 4-26, 1977.

ALQUIÉ, Ferdinand. **A Filosofia de Descartes**. Tradução por M. Rodrigues Martins. 2. ed. Lisboa: Presença, 1986. (Biblioteca de Textos Universitários).

ALQUIÉ, Ferdinand. **Le Rationalisme de Spinoza**. 2. ed. Paris: Presses Universitaires de France, 1991. (Collection Épiméthée - Essais Philosophiques).

ARISTÓTELES. *Ética a Nicômaco.* In: **Aristóteles.** Tradução de Leonel Vallandro e Gerd Bornheim da versão inglesa de W. D. Ross. São Paulo: Abril Cultural, p. 45-236, 1979. (Coleção Os Pensadores).

ARNAULD, Antoine; NICOLE, Pierre. **La Logique ou L'Art de Penser**. Notes et posface de Charles Jourdain. Paris: Gallimard, 1992. (Collection Tel).

BAILLET, Adrien. **La Vie de Monsieur Des-Cartes**. [sic]. Première Partie (t. 1) e Seconde Partie (t. 2). Paris: Daniel Horthemels, 1691.

BAYLE, Pierre. *Article Spinoza.* (1697, 1702). In: PRÉPOSIET, Jean. **Bibliographie Spinoziste**.

Besançon: Faculté des Lettres et Sciences Humaines, p. 344-398, 1973. (Annales Littéraires de L'Université de Besançon).

PRÉPOSIET, Jean. *Spinoza.* (1697, 1702). In: **Biografías de Spinoza**. Selección, traducción, introducción, notas y índices por Atilano Domínguez. Madri: Alianza, p. 81-89, 1995.

BERTHET, J. *La Méthode de Descartes avant le Discours.* **Revue de Métaphysique et de Morale**. Paris: A. Colin, t. IV, p. 399-415, 1896.

BOUILLIER, Francisque. **Histoire de la Philosophie cartésienne.** 3. ed. Tome Premier (v. 1) e Tome Seconde (v. 2). Paris: Ch. Delagrave, 1868.

BRADWARDINUS CANTUARIENSIS, Thomas. **Geometria Speculativa a Petro Sanchez Ciruelo Revisa**. Parisiiis: Guido Mercator, 1495.

BRÉHIER, Émile. *Spinoza.* In: **História da Filosofia**. Tradução de Eduardo Sucupira Filho. 2. ed. São Paulo: Mestre Jou, tomo II (A Filosofia Moderna), fascículo 1 (O Século XVII), p. 143-177, 1977.

BRUNSCHVICG, Léon. *A lógica de Spinoza.* Tradução de Jean-Marie Breton. Revisão crítica de Emanuel A. R. Fragoso. In: FRAGOSO, Emanuel Angelo da Rocha (Org.). **Spinoza: Cinco ensaios por Renan, Delbos, Chartier, Brunschvicg e Boutroux**. Londrina: EDUEL, 2004. p. 55-75.

BRUNSCHVICG, Léon. *La Logique de Spinoza.* **Revue de Métaphysique et de Morale**, Paris, Librairie Hachette, première année, p. 453-467, 1893.

CAMPS, Victoria. *Las dos Éticas de Spinoza*. In: BLANCO-ECHAURI, Jesús. (org.). **Espinosa: Ética e Política - Encontro Hispano-Portugués de Filosofía**. Santiago de Compostela, 5-7 de abril de 1997. Santiago de Compostela: Universidade, p. 65-71, 1999.

CHAUI, Marilena de Souza. *Engenho e Arte: a Estrutura Literária do* Tratado da Emenda do Intelecto de Espinosa. In: **Figuras do Racionalismo.** Marilena Chauí e Fátima Évora (eds). Campinas: Associação Nacional de Pós-Graduação em Filosofia, p. 31-81, 1999. (Conferências ANPOF).

COLERUS, Jean. *Biografía de Spinoza.* (1705). In: **Biografías de Spinoza**. Selección, traducción, introducción, notas y índices por Atilano Domínguez. Madri: Alianza, p. 97-142, 1995.

COLERUS, Jean. **Vida de Spinoza.** Tradução de Emanuel Angelo da Rocha Fragoso. Disponível em: <https://benedictusdespinoza.pro.br/biografias-de-spinoza-colerus.html>. Acesso em: 21 jul. 2020.

COTTINGHAM, John. **A Filosofia de Descartes**. Tradução Maria do Rosário Souza Guedes. Lisboa: Edições 70, 1989. (O Saber da Filosofia).

COTTINGHAM, John. **Dicionário Descartes**. Tradução Helena Martins; revisão técnica de Ethel Alvarenga. Rio de Janeiro: Jorge Zahar, 1995.

COUCHOUD, Paul-Louis. **Benoit de Spinoza.** Paris: Félix Alcan Éditeur, 1902. (Les Grands Philosophies).

DELBOS, Victor. **Le Problème Moral dans la Philosophie de Spinoza et dans l'Histoire du**

Spinozisme. Paris: Felix Alcan, 1893. Réimpr. Georg Olms, 1988.

DELBOS, Victor. **Le Spinozisme.** 5. ed. Paris: J. Vrin, 1987. (Bibliotéque D'Histoire de la Philosophie).

DELBOS, Victor. **O Espinosismo.** Curso profeirdo na Sorbonne em 1912-1913. Tradução de Homero Santiago. São Paulo: Discurso, 2002.

DELEUZE, Gilles. **Espinosa: Filosofia Prática.** Tradução de Daniel Lins e Fabien Pascal Lins. Revisão técnica de Eduardo D. B. de Menezes. São Paulo: Escuta, 2002.

DELEUZE, Gilles. **Spinoza - Philosophie Pratique.** Paris: Éditions de Minuit, 1981.

DELEUZE, Gilles. *Spinoza e as Três* Éticas. In: DELEUZE, Gilles. **Crítica e Clínica.** Tradução de Peter Pál Pelbart. 1. ed. Rio de Janeiro: Editora 34, p. 156-170, 1997. (Coleção Trans).

DELEUZE, Gilles. **Spinoza et le Problème de l'Expression.** Paris: Éditions de Minuit, 1985. (Arguments).

DELEUZE, Gilles. **Spinoza y el Problema de la Expresión.** Traducido del Francés por Horst Vogel. 2. ed. Barcelona: Muchnik Editores, 1999. (Atajos).

DELEUZE, Gilles; CLAIRE Parnet. **Diálogos.** Tradução de Eloisa Araújo Ribeiro. 1. ed. São Paulo: Escuta, 1998.

DESCARTES, René. **Discours de la Méthode.** In: DESCARTES, René. **Œuvres de Descartes.** Publiées par Charles Adam & Paul Tannery. Paris: Librairie Philosophique J. Vrin, v. VI, 1982.

Referências Bibliográficas

DESCARTES, René. **Discurso do Método**. Prefácio de Geneviève Rodis-Lewis. Apresentação e Comentários de Denis Huisman. Tradução de Elza Moreira Marcelina. 2. ed. Brasília: Editora Universidade de Brasília, 1998.

DESCARTES, René. **Essais.** *La Dioptrique, Les Météores et La Géométrie*. In: DESCARTES, René. **Œuvres de Descartes**. Publiées par Charles Adam & Paul Tannery. Paris: Librairie Philosophique J. Vrin, v. VI, 1982.

DESCARTES, René. **Les Principes de la Philosophie.** Première Partie. Trad. Française de [Claude] Picot approuvée par l'auteur; éd. avec introd. et appréciations philosophiques et critiques par Henri Joly. Paris: Delalain Frères, [1885].

DESCARTES, René. *Meditações*. In: DESCARTES, René. **Descartes.** Introdução de Gilles-Gaston Granger. Prefácio e notas de Gérard Lebrun. Tradução de J. Guinsburg e Bento Prado Júnior. 3. ed. São Paulo: Abril Cultural, 1983. p. 73-142. (Os Pensadores).

DESCARTES, René. **Meditationes de Prima Philosophia.** In: DESCARTES, René. **Œuvres de Descartes**. Publiées par Charles Adam & Paul Tannery. Paris: Librairie Philosophique J. Vrin, v. VII, 1983.

DESCARTES, René. **Méditations Métaphysiques.** *Objections et Réponses suivies de quatre Lettres*. Chronologie, présentation et bibliographie de Jean-Marie Beyssade et Michelle Beyssade. Paris: Garnier-Flammarion, 1979.

DESCARTES, René. **Méditations Métaphysiques.** *Objections et Réponses suivies de quatre Lettres*. Chronologie, présentation et bibliographie de Jean-Marie

Beyssade et Michelle Beyssade. Paris: Garnier-Flammarion, 1979.

DESCARTES, René. **Méditations.** Traduction Française. In: DESCARTES, René. **Œuvres de Descartes**. Publiées par Charles Adam & Paul Tannery. Paris: Librairie Philosophique J. Vrin, v. IX-1, 1982.

DESCARTES, René. *Objeções e Respostas (Segundas Objeções e Respostas, Respostas às Quintas Objeções e Carta ao Sr. Clerselier)*. In: DESCARTES, René. **Descartes.** Introdução de Gilles-Gaston Granger. Prefácio e notas de Gérard Lebrun. Tradução de J. Guinsburg e Bento Prado Júnior. 3. ed. São Paulo: Abril Cultural, 1983. p. 143-211. (Os Pensadores).

DESCARTES, René. **Œuvres de Descartes**. Publiées par Charles Adam & Paul Tannery. Paris: Paris: Librairie Philosophique J. Vrin, v. I (1987), v. II, III (1988), v. IV (1989), v. V (1974), v. VI, VIII-1, IX-1 (1982), v. VII (1983), v. VIII-2 (1987), v. X, XI (1986), v. IX-2 (1978). 13 v.

DESCARTES, René. **Principes.** Traduction Française. In: DESCARTES, René. **Œuvres de Descartes**. Publiées par Charles Adam & Paul Tannery. Paris: Librairie Philosophique J. Vrin, v. IX-2, 1978.

DESCARTES, René. **Principia Philosophiæ.** In: DESCARTES, René. **Œuvres de Descartes**. Publiées par Charles Adam & Paul Tannery. Paris: Librairie Philosophique J. Vrin, v. VIII-1, 1982.

DESCARTES, René. **Princípios da Filosofia.** Tradução de João Gama. Lisboa: Edições 70, 1997.

Referências Bibliográficas

DESCARTES, René. **Regras para a Direção do Espírito**. Tradução de João Gama. Lisboa: Edições 70, 1985. (Textos Filosóficos).

DESCARTES, René. **Regulæ ad directionem ingenii.** In: DESCARTES, René. **Œuvres de Descartes**. Publiées par Charles Adam & Paul Tannery. Paris: Librairie Philosophique J. Vrin, v. X, 1986.

DOMÍNGUEZ, Atilano. (org.). **Biografías de Spinoza**. Selección, traducción, introducción, notas y índices por Atilano Domínguez. Madri: Alianza, 1995.

DUHEM, Pierre. **Études sur Léonard de Vinci.** *Troisième série. Les Précurseurs Parisiens de Galilée.* Réimpression Première édition, 1913. Paris: Archives Contemporaines, 1984.

ELWES, R. H. M. **The chief works of Benedict de Spinoza**. Translated from the Latin, with an introduction by R. H. M. Elwes. V. II. De Intellectus Emendatione – Ethica (Select letters). London: George bell and Sons, 1898.

EUCLIDES. **Os Elementos**. Tradução e Introdução de Irineu Bicudo. São Paulo: UNESP, 2009.

FERREIRA, Maria Luísa Ribeiro. **A Dinâmica da Razão na Filosofia de Espinosa**. Lisboa: Calouste Gulbenkian, 1997. (Textos Universitários de Ciências Sociais e Humanas).

GIANCOTTI BOSCHERINI, E. *Sul Concetto Spinoziano di Mens.* In: CRAPULLI, G., GIANCOTTI BOSCHERINI, E. **Ricerche Lessicali su Opere di Descartes e Spinoza.** Roma: Ed. Dell'Ateneo, 1969.

GIBSON, Boyce. *La Géometrie de Descartes au Point de Vue de sa Méthode*. **Revue de Métaphysique et de Morale**. Paris: A. Colin, t. IV, p. 386-398, 1896.

GUEROULT, Martial. **Descartes selon l'Ordre des Raisons**. 2 v. Paris: Aubier, v. 1 (L'âme et Dieu); v. 2 (L'âme et les Corps), 1991. (Philosophie).

GUEROULT, Martial. **Spinoza**. v. 1 (Dieu) e v. 2 (L'Âme). Paris: Aubier-Montaigne, 1997. (Analyse et Raisons).

GUISADO, Maria Carmen Casillas. *Algunas Observaciones sobre el Método Deductivo en Spinoza*. In: BLANCO-ECHAURI, Jesús. (org.). **Espinosa: Ética e Política - Encontro Hispano-Portugués de Filosofía**. Santiago de Compostela, 5-7 de abril de 1997. Santiago de Compostela: Universidade, p. 199-210, 1999.

HANNEQUIN, Arthur. *La Méthode de Descartes*. **Revue de Métaphysique et de Morale**. Paris: A. Colin, t. XIV, p. 755-774, 1906.

HUBBELING, H. G. **Spinoza.** Versión castellana de Raúl Gabás. Barcelona: Editorial Herder, 1981. (Biblioteca de Filosofia, 10).

JONSTON, Jan. **Naturæ Constantia**. Amstelodami: Apud ioannem Ianssonium, MDCXXXIV [1634].

KAPLAN, Francis. **L'Éthique de Spinoza et la Méthode Géométrique**. Paris: Flammarion, 1998. (Essais).

KOYRÉ, Alexandre. **Considerações sobre Descartes**. Tradução de Hélder Godinho. 3. ed. Lisboa: Presença, 1986. (Biblioteca Universal Presença).

LADO, Ángel Luis Rivas. *La Fundamentación Ontológica de "Lo Moral" en Descartes y Spinoza. La Ontologia Proyectiva de Spinoza*. In: BLANCO-ECHAURI, Jesús. (org.). **Espinosa: Ética e Política - Encontro Hispano-Portugués de Filosofía**. Santiago de Compostela, 5-7 de abril de 1997. Santiago de Compostela: Universidade, p. 267-274, 1999.

LOPARIC, Zeljko. *Sobre o Método de Descartes*. **Manuscrito**, Campinas, v. XIV, n. 2, p. 93-112, outubro 1991.

MACHEREY, Pierre. **Introduction à l'Éhique de Spinoza. La cinquiéme partie: les voies de la libération**. 2. ed. Paris: Presses Universitaires de France, 1997a. (Les grands livres de la Philosophie).

MACHEREY, Pierre. **Introduction à l'Éhique de Spinoza. La première partie: la nature des choses.** Paris: Presses Universitaires de France, 1998a. (Les grands livres de la Philosophie).

MACHEREY, Pierre. **Introduction à l'Éhique de Spinoza. La quatriéme partie: la condition humaine.** Paris: Presses Universitaires de France, 1997b. (Les grands livres de la Philosophie).

MACHEREY, Pierre. **Introduction à l'Éhique de Spinoza. La secondie partie: la réalité mentale.** Paris: Presses Universitaires de France, 1997c. (Les grands livres de la Philosophie).

MACHEREY, Pierre. **Introduction à l'Éhique de Spinoza. La troisiéme partie: la vie affective.** 2. ed. Paris: Presses Universitaires de France, 1998b. (Les grands livres de la Philosophie).

MAIMÔNIDES [Moïse Bem Mainoun]. **Le Guide des Égarés. Traité de Théologie et de Philosophie. Dalalat Al Hairin**. Publié pour la première fois dans l'original arabe et accompagne dúne traduction française et de notes critiques littéraires et explicatives par S. Munk. 3 tomes (Premier, deuxième, troisième). Réimpression photoméchanique de l'édition 1856-1866. Osnabrück: Otto Zeller, 1964.

MAIMÔNIDES. Moses. **O Guia dos perplexos**. Parte 1. Tradução e prefácio de Uri Lam. São Paulo: Landy, 2004.

MAIMÔNIDES. Moses. **O Guia dos perplexos**. Parte 2. Tradução de Uri Lam e prefácio de José Luiz Goldfarb. São Paulo: Landy, 2003.

MOREAU, Pierre-François. *Spinoza y Huarte de San Juan*. Traducción del francés por Pedro Rojas. In: DOMÍNGUEZ, Atilano. (org.). **Spinoza y España: Actas del Congreso Internacional sobre Relaciones entre Spinoza y España (Almagro, 5-7 noviembre 1992).** Cuenca: Servicio de Publicaciones de la Universidad de Castilha - La Mancha, p. 155-163, 1994. (Coleccion Estudios).

MYŒLICKI, Ignace. *Jonston et de Spinoza*. **Chronicon Spinozanum.** Tomus Primus. Traduit du Manuscrit par Dr. T. Warynski. Hagæ Comitis, curis Societatis Spinozanæ, p. 118-157, MCMXXI [1921].

NATORP, P. *La Métaphysique – Le Développement de la Pensée de Descartes*. **Revue de Métaphysique et de Morale**. Paris: A. Colin, t. IV, p. 416-432, 1896.

NETTER, Abraham. **Notes sur la Vie de Descartes et sur le Discours de la Méthode**. Nancy: Imprimerie Berger-Levrault et Cie, 1896.

RODIS-LEWIS, Geneviéve. **Descartes e o Racionalismo**. Tradução por Jorge O. Baptista. Porto: Rés, 1979. (Coleção Substância).

SPINOZA, Benedictus de. **B. de S. Opera Posthuma,** Quorum series post Praefationem exhibetur. 1677 [Amsterdã: J. Rieuwertsz].

SPINOZA, Benedictus de. **Benedicti de Spinoza Opera quotquot reperta sunt**. Recognoverunt J. van Vloten et J. P. N. Land. Editio Tertia. Hagae Comitum, apud M. Nijhoff, 1914, 2v.

SPINOZA, Benedictus de. **Correspondencia.** Introducción, traducción, notas y índice de Atilano Domínguez. Madri: Alianza, 1988a.

SPINOZA, Benedictus de. **De Nagelate Schriften van B. D. S.** [Amsterdã] Gedrukt in 't Jaar MDCLXXVII [1677].

SPINOZA, Benedictus de. **Ethica/Ética.** Edição bilíngue Latim-Português. Tradução e Notas de Tomaz Tadeu. Belo Horizonte: Autêntica, 2007.

SPINOZA, Benedictus de. **Éthique.** Introduction, traduction, notes et commentaires, index de Robert Misrahi. Paris: Éditions de l'éclat, 2005. (Philosophie imaginaire).

SPINOZA, Benedictus de. **Éthique.** Texte Latin, traduction Nouvelle avec notice et notes par Charles Appuhn. Paris: J. Vrin, 1983. 2 v. em 1. (Bibliotéque des Textes Philosophiques).

SPINOZA, Benedictus de. **Éthique.** Traduction documents en annotations de Robert Misrahi. Paris:

Vigdor, dec. 1996. Texto eletrônico. http// www.imaginet. fr/~vigdor. 3 disquetes.

SPINOZA, Benedictus de. **Éthique**. Traduction inédite du Comte Henri de Boulainvilliers publiée avec une introduction et des notes par F. Colonna D'Istria. Paris: Armand Colin, 1907.

SPINOZA, Benedictus de. **Éthique.** Traduction, notice et notes par Roland Caillois. Paris: Gallimard, 1954. (Collection Idées).

SPINOZA, Benedictus de. **Ética.** Prefácio e tradução de Lívio Xavier. São Paulo: Atena, 1. ed. 1957, 4. ed. 1960. (Biblioteca Clássica).

SPINOZA, Benedictus de. **Ética.** Tradução e notas da Parte I de Joaquim de Carvalho, tradução das Partes II e III de Joaquim Ferreira Gomes, tradução das Partes IV e V de Antônio Simões. São Paulo: Abril Cultural, 1. ed., 1972, 2. ed., 1979, 3. ed., 1983. (Coleção Os Pensadores).

SPINOZA, Benedictus de. **Etica.** Traducción de Oscar Cohan. México: Fondo de Cultura econômica, Tercera reimpresión, 1985.

SPINOZA, Benedictus de. **Lire L'Éthique de Spinoza.** Texto eletrônico da *Ética* de Spinoza em latim (Gebhardt) e de quatro traduções para o francês: Boulainvilliers, Elwes, Guérinot e Saisset. Paris: Phronesis, 1998. 1 CD-Rom.

SPINOZA, Benedictus de. **Œuvres de Spinoza**. Traduites et annotées par Charles Appuhn. Paris: Garnier, [ca. 1950]. Reimpressão, Paris: Garnier- Flamarion, 1964-6, 4 v.

Referências Bibliográficas

SPINOZA, Benedictus de. **Œuvres de Spinoza**. Traduites par Émile Saisset. Paris: Charpentier, Libraire-Éditeur, 1842, 2v.

SPINOZA, Benedictus de. **Opera Posthuma.** Amsterdam, 1677. Riproduzione fotografica integrale. A cura de Pina Totaro. Prefazione di Filippo Mignini. Macerata: Quodlibet, 2008.

SPINOZA, Benedictus de. **Spinoza Œuvres Complètes.** Texte traduite, présenté et annoté par Roland Caillois, Madeleine Francès et Robert Misrahi. Paris: Gallimard, 1954, 1 v. (Bibliothèque de la Pléiade).

SPINOZA, Benedictus de. **Spinoza Opera**. Im Auftrag der Heidelberger Akademie der Wissenschaften herausgegeben von Carl Gebhardt. Heildelberg: Carl Winter, 1925; 2. Auflage 1972, 4v (**SO1, SO2, SO3 e SO4**).

SPINOZA, Benedictus de. **Spinoza Opera**. Im Auftrag der Heidelberger Akademie der Wissenschaften herausgegeben von Carl Gebhardt. Heildelberg: Carl Winter, 1925; Ristampa 1972. Milano: Edição Eletrônica a cura di Roberto Bombacigno e Monica Natali, 1998. 1 CD-Rom.

SPINOZA, Benedictus de. *Traité de la Réforme de L'Entendement*. In: **Œuvres de Spinoza**. Traduction et notes par Charles Appuhn. Paris: GF Flammarion, 1964. p. 177-219.

SPINOZA, Benedictus de. **Tratado da Reforma do Entendimento**. Edição Bilíngüe. Tradução de Abílio Queirós. Prefácio e Notas de Alexandre Koyré. Lisboa: Edições 70, 1987. (Textos Filosóficos).

SPINOZA, Benedictus de. **Tratado de la Reforma del Entendimiento/Princípios de la Filosofia Cartesiana/Pensamientos Metafísicos.** Introducción, traducción y notas de Atilano Domínguez. Madri: Alianza, 1988b.

SPINOZA, Benedictus de. **Tratado Teológico-Político.** Introducción, traducción, notas y índices de Atilano Domínguez. Madri: Alianza, 1986.

SPINOZA, Benedictus de. **Tratado Teológico-Político**. Tradução, introdução e notas de Diogo Pires Aurélio. São Paulo: Martins Fontes, 2003.

WOLFSON, Harry Austryn. **La Philosophie de Spinoza.** Traduit de l'anglais par Anne-Dominique Balmès. 2 v. em 1 v. Paris: Gallimard, 1999. (Bibliotèque de Philosophie).

Esta obra foi composta em Arrus BT, Charter BT, Book Antica, PCOrnaments e Century Schoolbook, gravada em plataforma PDF em julho de 2020.

Made in United States
Orlando, FL
15 June 2025